College

高校教师
职业幸福感研究

�֍ 李琼 著

✤ 研究导论

✤ 高校教师职业幸福感的实现路径

✤ 追求幸福——教师专业发展之路

✤ 高校教师职业幸福感的理论探讨

✤ 高校教师职业幸福感的来源与影响因素分析

中国商务出版社

图书在版编目（ＣＩＰ）数据

高校教师职业幸福感研究 / 李琼著. -- 北京：中
国商务出版社，2018.1
　　ISBN 978-7-5103-2276-1

　　Ⅰ．①高… Ⅱ．①李… Ⅲ．①高等学校－教师－幸福
－研究 Ⅳ．①G645.16

中国版本图书馆 CIP 数据核字 (2018) 第 012278 号

高校教师职业幸福感研究

李琼 著

出　　版：中国商务出版社

地　　址：北京市东城区安定门外大街东后巷 28 号　　邮编：100710

责任部门：职业教育事业部（010-64218072　295402859@qq.com）

责任编辑：周青

总 发 行：中国商务出版社发行部　（010-64208388　64515150　）

网　　址：http://www.cctpress.com

邮　　箱：cctp@cctpress.com

排　　版：上海书鼎文化传播有限公司

印　　刷：廊坊市海涛印刷有限公司

开　　本：700 毫米×1000 毫米　1/16

印　　张：10　　　　　　　　字　　数：180 千字

版　　次：2018 年 1 月第 1 版　　印　　次：2018 年 1 月第 1 次印刷

书　　号：ISBN 978-7-5103-2276-1

定　　价：40.00 元

前　言

　　幸福是人类的永恒追求。在漫漫历史长河中，人类为探索幸福的真谛而一代代地前赴后继，勇往直前。获得幸福、拥有幸福的生活，是每一个人都期望实现的梦想。

　　对生活在今天的人们来说，追求幸福依然是每个人的重要目标。在21世纪的今天，幸福已成为国家意志层面的发展目标，从国家到省市，相继提出了大力提升人民幸福指数的政策目标。"幸福"这一议题从学术的讨论逐渐演变为人们街头巷尾热议的话题。特别是中央电视台所做的一期关于幸福的调查节目更是将人们对幸福的讨论推向高潮。职业在每一个人的生命中都占据着举足轻重的地位。人一生中大部分时间都是在工作中度过的。因此幸福感与职业必然有着千丝万缕的联系。特别是在教育领域，人们十分关注当下学生和教师的幸福状况，对学生和教师现状的各类研究，已成为我国教育领域的一个十分重要的课题。高校教师是高校发展建设的主力军，他们的职业幸福感不但和自身息息相关，还影响着学生学习及学校今后能否顺利发展。本书试图对此做一个系统的探讨。

　　本书的第一章主要对课题的背景进行探讨，对相关的核心概念进行了界定；第二章简述了高校教师职业幸福感的内涵与类型、特性与价值；第三章分析了高校教师幸福感的来源及影响高校教师幸福感的相关因素；第四章主要讲述了高校教师幸福感的实现路径；最后一章是教师专业发展的有关理论和促进教师发展的相关策略，即帮助教师更好的追求幸福。

　　有人说，做学术就好像在沙滩上拾贝壳，要想捡到更大、更漂亮的贝壳，就要比其他人来得更早，走得更远，更加努力地寻找。这个过程既需要娴熟的技巧和丰富的经验，还需要一点小小的运气。回顾本书的研究历程正是如此。本书的出版绝不是一个结束，而是一个新的开始。

在本书的撰写过程中，参考了许多专家和学者的著作和文章，在此表示由衷的感谢。由于作者学识水平有限，写作时间较为仓促，书中不可避免地存有纰漏，限于个人视野和格局，一些观点仅为一己之见，恳请广大读者和专家给予批评和指正。

李 琼

2017 年 10 月

目　录

第一章　研究导论

第一节　研究背景与问题的提出

一、时代呼唤幸福

（一）经济发展与幸福的渴求

在物质文明高度发达的今天，在快速工作节奏的牵引和无止境欲望的驱动下，幸福似乎离我们越来越远。一份盖洛普健康调查（Gallup Well-being Survey）表明，大多数中国人情绪很低落。基于受访者对个人生活的描述，这项涵盖全球的调查将受访者分成了三类，分别是"蒸蒸日上"、"勉强糊口"和"非常痛苦"。

尽管中国是全球增长最快的主要经济体，让步履蹒跚的欧洲经济体和美国都深感羡慕，但对中国的调查结果却并不理想：感觉生活"蒸蒸日上"的只有12%，"勉强糊口"的占71%，"非常痛苦"的为17%。

上述结果并非是孤立的。比如，中国社会科学院的一项调查显示，在中国不断壮大的中产阶级当中，绝大多数人对生活并不满意。在英国《金融时报》"中国人为何不幸福"一文看来，人们情绪低落的部分原因在于：现代生活的严酷、竞争激烈、担心失业、偿贷压力和日益增长的物质主义。

社会在变化和发展，各类竞争加剧，压力增大，都会对人们的快乐和幸福感产生影响。同时，由于人类文明程度的提升，人们的自我意识不断觉醒，进一步加深了矛盾的激烈程度。没有幸福感，痛苦、抑郁、焦虑、失眠、过劳死等，已成为现代社会中出现频率相当高的词汇。如何应对这些问题，如何能让自己在享受物质文明的同时，获得内心的幸福感，实现身心和谐，已日益成为当下人们关注的焦点。在2010年召开的"两会"中，"幸福感""幸福指数"等已经替代GDP、经济增长等成为热门新词。党和政府也越来越关注国民的民生和幸福问题。时任总理的温家宝曾在2010年全国人大会议上指出：我们所做的一切都是要让人民生活得更加幸福、更有尊严，让社会更加公正，更加和谐。在这一情景下，全国各个省区市都积极起来响应国家号召，把提升幸福指数、增强幸福感等列为发展目标，并采取实际措施。可以说，幸福已成为当下社会的普遍追求。

（二）政治稳定与幸福的基础

幸福是我们每个人的期盼。但是，社会政治稳定是幸福的前提和基础。幸福需要建立在稳定的社会之上，没有社会稳定，就不会有个人幸福，就更谈不上幸福感。全国人大代表程静认为："幸福感的第一要义应该是安全感。只有国家富强、社会稳定，老百姓对自己的生活有安全感，也才有幸福感可言。""利莫大于治，害莫大于乱。"古往今来，政治稳定、社会安定始终是政治家们励精图治的目标，也是普通百姓安居乐业的前提。中东、北非一些地区的国家，由于政局持续动荡，导致社会混乱，进而冲击经济，殃及百姓。"一国尽乱，无有安家；一家皆乱，无有安身。"这些国家人民的遭遇令人同情，对所有爱好和平、向往幸福的人们，也是一个沉重的警醒。

每个人都希望社会稳定、国家安定。幸福，对于普通百姓来说，最关键的就是要有一个稳定和谐的社会环境，能够丰衣足食，安居乐业。

（三）教育的功利与幸福的追寻

教育自产生之日起，就是为了人的发展和完善而存在的。它引导个体向善，帮助人们走向幸福，使人成为一个精神上和人格上优秀的人，一个有德性的人，一个真正的大写的人。教育要促进人的幸福，就必须对受教育者进行德性教育，通过德性教育，提升和发展健康的精神人格，提升实践美善生活的能力和智慧，从而引导人追求真正的幸福。德性教育可以把人的完整品质统合起来。唯有德性的教育，才能既促进人的幸福，又促进人的整体品质的提高。

然而，由于功利主义的影响，教育的目的在实践中往往被异化，成了获取各种利益的工具。学校往往会迁就社会的需求，逐渐趋向功利目的，而忽视对学生健康身心和健全人格的培养。甚至出现唯分数是从，考试作弊，买假文凭等不良现象，导致教育逐渐远离了它原有的培养人才、使人幸福的本真价值。

在现代社会，强调教育的功利性本无可厚非，但如果因此而否定其非功利性价值，即教育促进人全面发展的价值，却是片面的。现代学者认为，教育的功利性价值和非功利性价值是互相依存、互相制约和互相促进的，它们共存于教育目标这一统一体中，任何把它们割裂开来的企图都会有碍于完整教育目标的实现。但是，无论是教育的功利性价值还是非功利性价值，却都需要以幸福为指引，这是不争的事实。如果离开了幸福的引导，教育的任何价值追求都将会因为目标的游离而落空，而这也是当前我国教育普遍存在的一个严重问题。回归原点、追寻幸福，已成为当下教育界的主流呼声和追求。

二、高校教师引领教育幸福

（一）幸福是教育的终极目标

教育的目标是多元的、多层次的系统，它既有近期目标，也有长远目标；既有功利目标，也有非功利的目标；既有个人目标，也有社会目标。如杜威认为，教育的目标是使人成长，并且主张，目标应该多样化。他认为，目标会随着社会需要和人的信仰的变化而变化。怀特海认为，教育的目标应该是培养既拥有文化又在某些方面具有专业知识的人。蔡元培认为，"教育是帮助被教育的人给他发展自己的能力，完成他的人格，于人类文化上能尽一分子的责任，不是把被教育的人造成一种特别器具。"雅斯贝尔斯认为，"教育是人的灵魂的教育，而非理性知识的堆积。"苏霍姆林斯基认为，"教学大纲和教科书规定了给予学生的各种知识，但是却没有规定给予学生最重要的一样东西，这就是：幸福。我们的教育信念应该是：培养真正的人!让每一个从自己手里培养出来的人都能幸福地度过自己的一生。"

我们认为，教育或许可以有许多具体目标，但不管如何，其终极目标是使人幸福，即教育在于促进个体获得幸福体验，提升幸福意识，发展幸福能力。教育所有的具体目标只有在指向幸福时，才是有意义的。以幸福作为终极目标，是符合人类的不断拓展和深化需要的本性的。工具理性主义认为，人总是不满足现状，总是在追求，并在追求中产生新的需要，并寻求满足新需要的手段。以幸福作为终极目标，就是引导人们不满足于生活得好，而要追求生活得越来越好。

（二）师生幸福需要高校教师的引领

教育的目标是为了人的幸福。教育指引人们掌握获得幸福的方法。一项教育活动的发生，总是由教育者和被教育者组成，因此，教育指向幸福既指向受教育者，也指向教育者。就学校而言，学生的幸福是教师幸福的主要来源，教师的幸福是学生幸福的重要保障。因此，我们可以说，教育是一个使教师和学生共同获得幸福并掌握获得幸福方法的过程。

教育对社会和个人的发展肩负着重要的使命，而高校教师在这其中处于重要的地位。面对当前教育暴露出来的功利性问题和违背教育规律的做法，教育界有越来越多的声音呼吁教育要回归到本原。教育要真正实现服务于人的发展，就要将教育的目标牢牢地指向幸福。

（三）高校教师幸福促进教育幸福

就高校教师自身而言，和其他所有的人一样，幸福是其人性的需要，也是其人生的终极目标。哈佛大学心理学家泰勒•本-沙哈尔坚定地认为，幸福感是衡量人生的唯一标准，是所有目标的最终目标。霍尔巴赫在《自然的体系》中认为，"我们的一切教育、思考和知识，都不过以怎样能获得我们本性所不断努力追求的幸福为对象。我们无法怀疑，人在一生中的任何时候都在追求幸福。"洛克在《人类理解论》中认为，"对于是什么在驱迫欲望，我们可以答复说，那是幸福，而且亦只有幸福。"因此，高校教师和其他所有人一样，追求幸福是其天赋权力，拥有幸福是其终极追求。

高校教师的幸福具有双重的意义和价值。作为高校教师，不仅要善于引领学生走向幸福，与此同时，高校教师自身也要懂得追求幸福，努力提升自身的职业幸福感，这样才能更好地引领实现教育幸福的大目标。

三、研究高校教师幸福已具备学术基础和探索空间

（一）教育研究人文关怀的彰显

人文关怀，一般认为发端于西方的人文主义传统，是指研究者尊重人的主体地位和个性差异，关心人丰富多样的个体需求，从而激发人的主动性、积极性、创造性，最终促进人的自由和全面发展。其核心在于肯定人性和人的价值，要求人的个性解放和自由平等，尊重人的理性思考，关怀人的精神生活等。教育研究的人文关怀是指研究者在研究中，充分关注人的生存状况和生存意义，关注人的成长与完善，以及与此密切相连的对人的热爱。

我们知道，教育的本质在于促进人的发展，然而在目前的教育实践中，依然存在与之相悖的现象。虽然我们提倡要"关注学生"、"以生为本"，但现实中却往往只是注重对学生知识、技能的培养，而忽视了对其生命和精神的关怀。因此，近年来，研究者开始对于教育中的"人"（尤其是学生）的生存状态给予较多的关注，人的非理性层面引起了研究者的兴趣，"生命"、"情感"、"关怀"、"人性"、"生活"等词汇出现的频率呈上升趋势。在这过程中，一些教育研究者提出了许多富有人性的教育思想，如"愉快教育"、"希望教育"、"合作学习"、"理解性教学"、"生命教育"等。在这一背景下，教育研究呈现越来越多的人文关怀取向。联合国教科文组织还把"学会关怀"作为21世纪教育改革的主题词，倡导教育关怀、学校关怀、班级关怀、课堂关怀，提倡整个学校都应当形成关怀的环境。

（二）高校教师群体研究视野的拓宽

在学术界，对幸福感的系统研究是伴随着积极心理学的蓬勃兴起而拓展的。长期以来，心理学对抑郁、焦虑等消极情绪和心理状态的关注较多，而对幸福、快乐、满意、乐观等积极情绪和心理状态的关注却较少。出于对传统心理学研究模式的不满，从20世纪40年代中后期开始，一些心理学研究者开始探索和研究人的积极层面，随着健康心理学、人本主义心理学的不断发展，积极心理学开始问世，以美国心理学家塞利格曼和契克森米哈赖等为代表的积极

心理学家对人们的积极情绪开展了广泛而深入的研究，认为心理学需要研究人的光明面，需要研究人的优点与价值。20世纪90年代以后，在积极心理学推动下，幸福感研究进入教育领域，许多学者和专家更多地从心理学、社会学、教育学等角度关注教师职业生活的实然状态，如教师生存状态和心理健康、工作满意度、职业幸福问题等。2002年，经济学家卡尼曼在诺贝尔颁奖演说中特别推介了华裔学者奚恺元的"幸福学"研究，认为这项研究使人们发现人生还有更深层次的目标，即追求幸福。由此，幸福感作为积极心理学一个主要的研究领域，开始格外受到关注。幸福感已成为学术界的一个热点问题。

一般讲，幸福感，通常是对一个人的生活状态和生命质量的描述。而职业幸福感，则意味着将职业与生活，尤其是职业与生命质量之间建立某种关联。高校教师的职业幸福感，从某种意义上说，就是高校教师职位上获得一种较高生命质量的生存状态。因此，高校教师对幸福的追求是教育的神圣使命，是引领学生走向幸福人生的重要资源，是做一名成功高校教师的应然要求，是实现教育真谛的必然选择。解读高校教师职业幸福感的内涵，研究当前高校教师职业幸福感的现状，对推进我国中学教育水平与质量具有重要的理论意义和实践价值。

（三）高校教师群体人文关怀系统研究的缺乏

本书的关键词——职业幸福感，它注重人的内心积极情绪体验，探寻人生的真谛，追求人生的终极目标，是人文关怀的核心。目前，国内教育界对职业幸福感的研究为数不少，并且近年来呈风起云涌之势。然而，这些研究的对象主要集中在教师这个群体，专门针对高校教师职业幸福感的研究却还不多。高校教师作为国家教育方针、政策的执行者，学校工作的组织者、指挥者，教育教学改革工作的设计者，在教育改革和发展中发挥着重要作用。因此，对高校教师职业幸福感的研究是十分必要的。

"萌发这些想法是因为觉得自己先前所做的研究还远没有把中国教育所包含的丰富意义讲述清楚，尤其是中国教育领域中的各种人物。他们各自有过什么样的喜怒哀乐，基本上还没有涉及。他们和我们一样，都是'以教育为生'的人，或者都是'被教育缠住'的人。然而有一点，他们同样和我们一样，这就是无论我们和他们曾经有过什么样的经历与感受，都在我们创作的教育研究作品中归于了'沉默'。"[1]在现实生活中，我们实际上很少真正地理解、关注这个群体的实际生存状态，包括他们的职业人生如何在个人与体制之中纠缠，他们的教育人生又有怎样的喜怒哀乐，以及他们都有哪些真切的内心感受。正如一位受访校长所说，"大家都关注你飞得高不高，怎样才能飞得更高，却没有人关心你飞得累不累"。之所以选择该课题进行研究，就是想填补这一领域的研究空白。

第二节　核心概念界定

一、幸福和幸福感

幸福是哲学范畴的概念。对于什么是幸福，不同的人有不同的理解。有的人认为幸福是吃喝玩乐，有的人认为幸福是梦想成真，有的人认为幸福是升官发财，有的人认为幸福是健康平安。即便是同一个人，处在不同的人生阶段，对幸福的理解也不一样，当经济紧张时，认为生活富裕就是幸福；当失业时，认为有一份工作就是幸福；当拥有财富时，认为升个一官半职就是幸福。幸福的定义是如此之多，可谓是仁者见仁、智者见智，单是罗马尼禄时代就有 278 种关于幸福的相互矛盾的定义。

幸福是一个"每个人都知道其含义，但却无人能够精确定义"的词汇，幸福又是一个神秘而又令人困惑的命题，古今中外，几乎每个思想家都论述过幸福，但是对幸福的定义、结构、类型和规律等问题都不能很好地做出定论。康德感叹："幸福的概念是如此模糊，以致虽然人人都想得到它，但是，谁也不能对自己所决意追求或选择的东西，说得清楚明白，条理一贯。"康德无奈而富有韧性地将幸福定义为："幸福"乃是尘世间一个存在者一生中所遇到的事情都称心合意的那种状况。正因为对幸福的理解，可以因人而异，不同地位、不同身份、不同流派、不同境遇的人都可以有自己的理解，幸福才成为永恒的话题。

那么，究竟什么是幸福？它是一种感觉，一种状态，一种体验，一种态度，还是一种领悟？《现代汉语小词典》将"幸福"解释为：使人心情舒畅的境遇和生活，（生活、境遇）称心如意；《新牛津英语辞典》将幸福定义为：舒适、健康和愉快的心态；上海辞书出版社1999年出版的《辞海·普及本》对幸福的定义是：幸福是在为理想奋斗过程中以及实现了预定目标和理想时感到的满足状况和体验；孙英博士对幸福的定义是：人生某些重大需要、欲望、目的得到满足和实现以及生存和发展得到某种完满的快乐的心理体验。赵汀阳教授将幸福公理表述为：假如一个人的某个行动本身是自成目的的（autotelic），并且这一行动所试图达到的结果也是一个具有自足价值的事情（autarkeia），那么，这一行动必定使他获得幸福。这种行动在操作上是创造的，在效果上是给予性的。哈佛大学积极心理学当红教师泰勒·本-沙哈尔认为，幸福是快乐和意义的结合。国家统计局统计研究所康君认为，幸福就是人们对客观现实生活满足状况的一种主观反映和心理体验。从心理感官的角度讲，幸福是一种"期望"得到"满足"，从而使心理预期与客观现实达到大致匹配的心理状态；从物质生活的角度讲，幸福与人们物质生存与发展环境的改善密切相关，体现了个体需求与社会物质条件之间差异逐步缩小的状态；从价值观角度来讲，幸福在一定程度上反映了人们的价值取向。山东大学邢占军教授认为幸福是人们对现实生活的主观反映，它既同人们生活的客观条件密切相关，又体现了人们的需求和价值。幸福是由人们所具备的客观条件以及人们的需求价值等因素共同作用而产生的个体对自身存在与发展状况的一种积极的心理体验。它包括三个方面的内容：其一，它是人们对生活总体以及主要生活领域的满意感；其二，它是人们所体验到的快乐感；其三，它是人们由于潜能实现而获得的价值感。

幸福是人们对生活境遇的满足感、快乐感和价值感的有机统一。从形式上讲，幸福是一种心理体验，是主观的，从内容来讲，幸福是人们所体验到的一种积极的存在与发展状况，是客观的。

从以上研究以及对幸福的界定中，笔者认为幸福大致有四层基本含义：其一，幸福是客观存在的，并且其内容客观。真正的幸福不仅仅是一种主观体验和存在头脑中的虚假感悟，而是现实存在的。幸福感是对幸福存在的感受。一个人是否"幸福"，在一个特定的社会生活环境或"社会传统"中是能够做出比较清楚无误的判断的，它是一种社会客观事实。幸福的客观内容是需要的满足、期望的达成。其二，幸福是愉悦的心理体验，即幸福感最直接表现为身心愉悦的状态，这种愉悦感包括需要的满足和期望的达成而产生的满意感、满足感，具有对自身存在状态理性体验的性质。其三，幸福不是一成不变的，人们所赋予的幸福的结构和内涵会随着需要的满足、更替和期望的变化而变化。其四，幸福有不同的种类，包括物质幸福、人际幸福和精神幸福。

Wilson 1960 年在其博士论文中提出主观幸福感个体差异的理论假设：（1）需要的及时满足产生快乐，需要总是得不到满足导致不快；（2）需要满足到什么程度才能带来满意感，有赖于个人的适应或期望水平，而这又受过去经验、同他人比较、价值观及其他因素的影响。作者十分认同幸福来源于需要的满足这一观点，需要满足到什么程度才能促进人们的满意感和满足感，却要依赖于人的期望水平。如果说幸福感有赖于个体的期望，那么幸福感的实现就不能被视作仅仅是源于需要的满足。幸福感反映了个体所处的需要层次和期望水平，以及由此产生的种种实践活动。因此，幸福感的获得是基于期望基础上的需要的满足。

建立在如前所述的分析基础上，笔者认为幸福感是指在内、外部因素的作用和影响下，人们因需要的满足和期望的达成而产生的愉悦的心理体验。

二、职业幸福感和高校教师职业幸福感

职业是指"个性的发挥，任务的实现和维持生活的连续性的人类活动"。美国哲学家杜威从实用主义哲学观点出发，认为职业是人们从中可以得到利益

的一种生活活动。管理学家泰勒则从社会学的角度为职业做了界定，认为职业是一套成为模式的，与特殊工作经验有关的人群关系。按照《现代汉语词典》的解释，所谓职业就是劳动者为获取生活来源所从事的社会工作类别，如医生、教师。《台湾职业分类典》指出，职业是个人所担任的任务或者职务，它需满足三个条件：有报酬；有持续性而非机会性；为善良风俗所认可。由此可知，教师是一种职业。基于对幸福感的理解，本研究认为，职业幸福感是指在内、外部因素的作用和影响下，人们在自己所从事的职业中因需要的满足和期望的达成而产生的愉悦的心理体验。高校教师职业幸福感是指在学校内、外部因素的作用和影响下，高校教师在职位上因需要的满足和期望的达成而产生的愉悦的心理体验。

三、职业成功观与主观职业成功

主观职业成功是个体对职业生涯发展的"各个侧面"成功状态的主观感知。因此，主观职业成功是一个多维度的概念（Arthur，1994；Arthur et al.，2005），包含多个方面的内容。这一点得到了众多学者的一致认同。早在1957年 Pellegrin 和 Coates 通过对企业高层管理者和工厂一线主管的访谈，就发现职业成功包含安全、尊重、职位等多个维度。Miller（1954）则把职业成功分为四类：安全、职业满意、威望和社会回报。Childs 等（1986）也认为职业成功应该包含职业声望、职业认同等多个方面。Sturges（1999）通过对英国企业管理者的访谈，发现在管理者眼中职业成功至少包括四个维度。Dries 等（2008）认为：主观职业成功应该包括绩效、提升、自我发展、创造力、安全感、满意度、认同、合作和贡献等多个维度。可见，无论是理论阐述还是实证研究都表明职业成功是一个多维度的概念。

主观职业成功与其他的多维概念相比，其特殊性在于人们对于职业成功的维度的侧重程度不同，不同的人又有不同的偏好。这就要求研究者们在探讨主观职业成功时，不能简单地对不同维度"一视同仁"，平均分配权重。这种不同的偏好是人们的天性使然，源于人们需要和动机的不同。马斯洛需求层次理论认为人们的需求包含从生理需求到自我实现需求的多个层次。Ginzberg 等

（1951）认为工作动机可以分为报酬、和谐相处、内在满足三类。双因素理论将工作动机区分为两大类：一类是保健因素（如：工作条件、薪酬等）；另一类是激励因素（如：对成就的认同、对工作内容的兴趣等）（Herzberg，1965；Herzberg et al.，l959）。所处社会环境、价值观、兴趣、职业发展阶段的不同，导致了人们需求和工作动机的差异，从而使人们对职业成功的不同维度会有所偏重。周文霞（2008）将人们在判断职业成功状态时所使用的不同标准称为"职业成功观"。她通过访谈发现在中国社会背景下，员工通常使用"物质报酬""权力地位""绩效贡献""关系网络""安全稳定""才能发挥""获得认同""自由快乐""和谐平衡"等作为判断成功的标准，并且进一步将其归纳为三个维度："外部报酬""内部满足"和"和谐平衡"。在西方，也有学者提出过类似的观点（尽管这些研究并不是直接针对主观职业成功的）。比如：职业锚理论认为，人们的职业目标与需求和价值观密切相关，可以分为自主型职业锚、创业型职业锚、管理能力型职业锚、技术职能型职业锚、安全型职业锚、安全稳定型职业锚、生活型职业锚、服务型职业锚等八种职业锚（Schein。1985，1996）。不同的职业锚引导人们有不同的追求和行为。

尽管已有的研究使我们对于职业成功，特别是主观职业成功有了更深入的认识，但是仍然存在一些空白值得我们去思考。先前的研究要么只是通过质化的方法归纳了职业成功所包含的维度，要么只是局限于对职业成功的判断标准的探讨，而没有将职业成功多维度的判断标准与职业成功的感知有机地结合起来。在实证研究方面，学者们仍然使用工作满意度或职业满意度这样简单的单维概念来测量主观职业成功。这在一定程度上阻碍了我们对主观职业成功这个复杂的多维概念的进一步认识。本研究基于此，在周文霞（2008）研究的基础之上，将职业成功观问卷修订为多维度的主观职业成功问卷，并进一步比较人们对于职业成功的不同维度的感知。除此之外，我们还将进一步探讨职业成功观与主观职业成功的关系，并回答以下问题：个体对职业成功观各维度的看重程度与其在该维度上所感知到的职业成功成正比吗？如果两者发生冲突，会对个体产生什么样的影响？

第三节　相关研究文献综述

一、职业成功研究概况

早在 1934 年 Thorndike 就提到了主观职业成功和客观职业成功，并分别给出了两者的操作性定义。但是，在接下来相当长的一段时期中，学者们主要围绕客观职业成功进行探讨。直到最近一二十年，主观职业成功才渐渐为职业研究者们所重视，并逐渐成为职业领域研究的热点（Greenhaus，2003；Hall，2002）。

职业成功用于对个体职业生涯状态的评价。Jaskolka 等（1985）认为职业成功是一个评价性的概念，评价的结果在很大程度上取决于谁来评价。因此，从评价主体的角度，研究者们可将职业成功分为客观职业成功与主观职业成功两种类型（Hughes，1937，1958；Judge et al.，1995）。客观职业成功是指由客观的、可以观察到的指标为标准来衡量的成功，如：收入、晋升、职位、可支配的权力等（Gattiker et al.，1988；Judge et al.，1994；Kotter，1982）。可以衡量客观职业成功的指标有很多，其中薪酬（Thomdike，1934）、薪酬的增长（Hilton et al.，1962）和晋升（Thorndike，1963）是最为常用并被广泛接受的三个指标（Hall，2002）。使用客观标准衡量职业成功的优势有三：第一，收集的数据更加客观，相对于自我报告，有效地避免了同源偏差以及自我服务偏差等主观误差的产生；第二，数据收集更有效率，可以一次收集大量个体职业成功的数据；第三，有助于学者们对不同个体进行比较，至少在同一组织内的标准是一致的。除了以上在研究方法上的优势之外，代表客观职业成功的变量也更易于被人们所感知，并视为判断成功的指标。因此，客观职业成功就如同暴露在水平面之上的冰山一角，容易被人们发现。所以，在职业成功研究的早期，客观职业成功是学者们关注的主要内容。但随着研究的不断深入，一小部分学者逐渐认识到职业成功这座冰山在水面之下还蕴含着更加丰富的内容。比如：Hughes（1958）认为仅通过收入、晋升、工作层级和工作流动性这些外部性指标来定义职业成功是危险的。但这样的呼吁没有引起当时学术界足够的重视。Aahur 等（1996）发现在 1980—1994 年发表的文章中，75%的研究都是关于职业成功客观标准的讨论。

而这一状况在近二十年里才有了明显的转变。Aahur 等（2005）的研究表明：从 1992 年到 2002 年间发表的 68 篇文章中，78%的研究提到了主观职业成功，72%的研究中运用了主观职业成功标准，还有 15%的研究只讨论了主观职业成功。笔者认为这种研究趋向的突然转变来源于三个方面的因素。首先，随着时代的发展，组织结构发生了巨大的变化。组织扁平化、流程再造、裁员以及业务外包等一系列的变革使组织规模大大缩小，在客观上减少了组织的层级和薪资差异（Hall，2002），从而减少了客观职业成功指标（如：薪酬、晋升、职位等）的用武之地（Heslin，2005）。比如：Reitman 等（2003）通过对 116 名 MBA 毕业生 13 年的纵向追踪研究，发现其中 2 / 3 的人毕业后并没有遵循典型的管理型职业发展道路。其次，客观职业成功指标不利于不同个体间的相互比较。尽管同一组织内，薪酬、晋升等指标具有一定的可比性，但是不同组织、不同行业的薪资水平、管理的级层和评价的标准各不相同，所看重的方面也千差万别。比如：金融行业普遍比餐饮行业的薪酬水平要高；销售的管理层级要远远多于人力资源的管理层级；司机看重的是事故率，科研人员更看重创造性，而影视艺人则对知名度更加重视。Thorndike（1963）认为在薪酬和晋升制度化（如：论资排辈）的领域（如：军队），其对成功代表的意义就微乎其微。Hilton 等（1962）说"以薪酬来衡量一个人进步的缺陷是人所共知的"。

更重要的是，随着研究的深入，学者们逐渐发现客观职业成功并不能表达出职业成功的全部内涵。越来越多的研究表明，自我定义的成功与外部定义的成功往往是不相关的（Lewin，1936；Lewin et al.，1944）。高薪和高职并不一定带来成就感和自豪感（Hall，2002；Schein，1978）。Friedman 等

（2000）的研究发现，在人们心中，职业成功的主观标准已经超越了客观标准。于是，越来越多的学者开始倡导研究主观感知上的职业成功。Weiek（1996）提出：职业成功的研究应该减少对于薪酬数量及晋升次数的关注，而更注重员工在职业发展过程中所获得的内在满足。Arthur 等（2005）认为：传统的客观职业成功标准在当前无边界职业生涯时代已经失去了原有的意义。Schein（1978）认为检验被认为在收入和职位上获得成功的人是否满意于自己的职业是很重要的。

自从研究者们开始将目光投向个体主观定义的职业成功后，客观的职业成功标准显得越来越不重要了（Sturges，1999），而主观职业成功逐渐成为职业成功领域的研究热点。

二、主观职业成功

（一）主观职业成功的内涵

主观职业成功是由被评价者自己来判断的、具有主观性的成功体验。与客观职业成功不同，它没有可以依赖的文本记录和外部标准，只是反映了个体对职业发展状况的感知（Stebbins，1970）。元分析的研究表明：主观职业成功与客观职业成功的相关系数不高于 0.30（Ng et al.，2005）。可见，以外部社会标准来看成功的人，并不一定认为自己很成功。成功不仅仅是一个社会的客观问题，更是一个个人的主观问题（Super，1957）。

Hughes（1937，1958）认为主观职业成功是个体对于其职业经历的反应。Van Maanen（1977）认为主观职业成功是个体根据自己的标准对其职业生涯的内在理解和评估。Arthur 等将职业成功定义为"个体在过去的时间里实现的一系列与工作相关的期望成果"（Arthur et al.，2005）。他们把主观职业成功看成是个体对其职业的理解和评价，涉及多个维度。Jaskolka 等（1985）强调主观职业成功的评价性。它是个体对自己职业发展结果的积极评价和认同，是个人对自己工作经历和工作结果的解释。也有学者在此基础上进一步引入了时间的概念，如职业成功是一个人职业经历的结果。职业成功也可以被定义为在任一点上某人的工作经历随着时间的推移所获得的工作成就。职业成功反映了一个人对自己的职业以及发展状态的个体感知（Stebbins，1970）。

总之，主观职业成功就是个体用各自的标准对于过去的职业经历进行的主观评价，它是对职业发展各个方面进行评价后的整体感受。

（二）主观职业成功的维度

主观职业成功是一个内涵丰富的概念，它涵盖了多个方面的内容（已有研究的理论模型见表 1-1）。起初，研究者们只是根据个人的理解，从理论上提出主观职业成功应该包含多个维度。Parker 等（1991）提出主观职业成功也应该考虑职业以外的因素。他认为：主观职业成功应该包括地位／财富、对社会的贡献、家庭关系、个人成就、专业成就以及安全保障等相关因素。Arthur 等（2005）在提出主观职业成功定义的同时，也强调了主观职业成功的多维性，并列举出工作—生活的平衡、有意义的感觉、目标、贡献等多个维度。Sturges（1999）将职业成功分为外在职业成功（包括：财务奖励、职位提升等）和内在职业成功（包括：影响、认同、乐趣等）。随着主观职业成功研究的兴起和深入，学者们通过实证的方法从不同的角度、不同的文化背景探索了主观职业成功的维度。根据着眼点的不同，可以将探讨主观职业成功维度的研究分为以下两大类。

第一大类是以探究"职业成功在人们心目中的内涵"为出发点的研究。这类研究试图回答的问题是"什么是职业成功"。Sturges（1999）探索了管理者眼中职业成功的内涵。他通过对多名英国企业管理者进行访谈，发现管理者们认为职业成功至少包括四方面的内涵：攀爬职业阶梯（Climber）、成为专家（Expea）、具有影响力（Influencer）和自我实现（Self-reali-zer）。Friedman 等（2000）通过对超过 800 名的商业专业人士的调查，发现职业成功的内涵至少包括五个方面：地位、自我的时间、挑战性、安全感和社交。Hennequin（2007）特别针对蓝领工人进行了研究，建立了包含物质职业成功、心理职业成功和社会职业成功三个维度的职业成功概念。Dyke 等（2006）比较了男性和女性所看重职业成功的不同方面，通过对相关研究数据进行整理，将主观职业成功分为平衡、人际关系、认同和物质成功四大类。Dries 等（2008）基于已有的发现，通过两个研究更加深入地探讨了主观职业成功的内涵。首先，他们对

表1-1 职业成功的结构模型及其包含的内容

职业成功的现有模型	模型所包含的具体内容
Gattiker 等（1986）	
1. 职业成功	绩效；发展机会；责任感；管理能力；乐于工作；奉献
2. 人际成功	同行的尊重与认同；好的评价；自信
3. 经济成功	与同龄人相比有公平的薪酬；与同龄人相比有较高的收入
4. 晋升成功	晋升机会；达到预期的职业目标
5. 生活成功	个人生活幸福
Schein（1978,1990）	
1. 技能水平	擅长某项技能；具有高水平的能力；成为专家
2. 综合的管理能力	一般的管理者；管理他人的效果；决策对他人的影响
3. 安全性/稳定性	稳定性；连续性；经济和就业的安全性；避免风险
4. 自主性/独立性	自由；没有规则和限制的工作
5. 创业者的创造力	创造力；基于想法创业
6. 服务/奉献于事业	帮助别人；贡献社会，让世界变得更好
7. 纯粹的挑战	寻求持续的刺激；解决挑战性问题的能力和竞争力
8. 生活方式	平衡工作和个人生活
Parker 等（1991）	
1. 身份/财富	权力，影响；与同龄人相比具有高收入；好的收益；公众认可；薪酬增加
2. 对社会的贡献	帮助他人；成为有用的人；改变；努力工作，提高社会质量
3. 家庭关系	幸福稳定的婚姻；成为好的父母；成功抚养孩子
4. 个人成就	内心平和；满足，幸福；个人价值；创造力，满意度，快乐；自尊；娱乐
5. 职业成就	能力；执行；承诺；自信；同事认可；工作满意度
6. 安全性	经济安全；工作安全

Sturges（1999）	
1. 外在的职业成功 2. 内在的职业成功	物质性奖励；职级影响；认同；能力；个人成就；乐趣； 正直；平衡；得到反馈；责任感

Nabi（2001）	
1. 外在的职业成功 2. 内在的职业成功	平等支出，公平收入；责任感；晋升机会 工作幸福感；管理能力；喜欢的工作；喜欢的同事；良好 的业绩评估；自信

Dyke 等（2006）	
1. 平衡 2. 人际关系 3. 认同 4. 物质成功	幸福；个人成就；满意生活的方向；自由 与配偶、子女、社区的稳定关系；贡献；尊重；支持；团 队成就 擅长挑战性的工作；被公认为有能力；得到顾客的认同 好的薪酬，有能力过好的生活；没有经济负担

Lee 等（2006）	
1. 组织因素 2. 个人因素 3. 相互关联的因素	同龄人的尊重；上进心；感激／认同 拥有工作外的生活；学习、成长和挑战；娱乐和享受有趣 的工作 表现良好；产生影响／做出贡献

Hennequin（2007）	
1. 物质职业成功 2. 心理职业成功 3. 社会职业成功	物质奖励；附加福利；职级；晋升次数 职业满意度；工作业绩；成功人际；生活平衡 社会身份；认同；声誉

注：本表由Dries等（2008）中的表格1改编而成。

22 名比利时职业经理进行了访谈。他们先让被试者自由地讲述自己的职业故事，进而让其从自己的经历中总结出三个对于职业成功最核心的方面，再逐一进行阶梯式访谈（Laddering Interview），也就是逐步挖掘某概念代表职业成功的原因，从而找到职业成功内涵的阶梯式序列。然后，他们邀请 30 名职业咨询专家通过卡片分类的形式对研究一中得到的 69 个（有效的为 42 个）职业成功序列进行了 Q 分类（Q.sort）。最后，研究者们使用多维标度（Multidimensional Scaling，MDS）技术对结果进行了结构性分析。通过这一系列复杂的研究过程，他们从情感——成就（Affect.Achievement）和个人——人际（Intrapersonal.Inte-rpersonal）两个角度，将职业成功分为四个维度，包括九种成分："个人——成就"维度，包括绩效、提升、贡献三种成分；"人际——成就"维度，包括自我发展、创造力两种成分；"个人——情感"维度，包括认同、合作两种成分；"人际——情感"维度，包括安全感、满意度两种成分。总而言之，在上述各研究中，研究者们都试图找到在人们的心中职业成功所包含的内容。这些研究都是从职业成功内部出发的，还有一些研究是从外部出发，寻找人们在判断职业成功时所使用的标准。

第二大类是以探究"人们在判断职业成功时所使用的标准"为出发点的研究。主观职业成功是一个主观评价性概念（Van Maanen，1977），因此就涉及评价标准的问题。于是，一些学者以此为切入点来探索职业成功评价标准的多维性。早在 1954 年 Miller 就通过对美国在校大学生的调查将职业成功的标准分为四类：安全、职业满意、威望和社会回报。Nicholson 等（2005）在其研究中指出了职业成功的六个判断标准：对于所得成就的骄傲、内在工作满意度、自尊、对工作角色的承诺、恪守的相互关系以及满足感。周文霞从价值观的角度探讨了人们衡量职业成功的标准（Zhou et al.，2013；周文霞，2008）。她通过深入访谈以及对上千名企业员工进行的问卷调查发现：中国人的职业成功观包括三个维度，每个维度又包含了不同的内容：外在报酬（包括：金钱、所掌握的权力、工作安全、从工作中得到的社会资本等）、内在满足（包括：能力和潜能得到发展、积累知识和能力、对组织独特的贡献、好的社会声誉、在工作中挑战自我、同行的认可等）以及和谐平衡（包括：在工作中感到快乐、工作家庭平衡、身体和心理的健康、享受生活等）。上述探讨职业成功标准的研究尽管不是以揭示主观职业成功内涵为出发点的，但是从本质上来说，两者探讨的是同样的内容。因为人们在选择职业成功判断标准时，是以职业成功的内在内容为基础的。一般来说，人们如何理解职业成功，便会以此为标准来判断自己的成功状态。因此，两类研究尽管出发点不同，但是其所揭示的内容是一致的，即主观职业成功的内涵与维度。

当然，个体在选择职业成功标准时，还有一个因素发挥着重要的作用，那就是人们内在的价值观念。下面，我们就来回顾一下价值观与职业成功的研究。

三、主观职业成功与价值观

通过对以上文献的回顾，我们认识到主观职业成功具有两种特性：主观性和多维性。由于职业成功包含着多方面的内容，人们在对其感知时又是以个人的主观意愿为转移的，因此，评价的标准和结果都难免存在很大的个体差异（Arthur et al.，2005；Zhou et al.，2013）。Gattiker 等（1988）认为：主观职业成功反映了个体的价值标准和内在偏好，不同的人对于成功有不同的理解和侧重。Cangemi 等（1986）在一项针对 35 000 名员工的问卷调查中发现，员工所报告的最想要的东西与主管们认为的员工最期待的内容差别巨大。同样，Pellegrin 等（1957）通过对企业高层管理者与生产一线的主管们的调查，发现两者对职业成功的看法存在显著的差异。高层管理者一般认为在组织中获取高的职位就是成功，而一线主管们则将成功定义为安全、受到尊重、幸福等。即便在同一社会阶层的不同个体所追求的职业目标（比如：收入、地位等）也不尽相同（Bailyn，1989）。Friedman 等（2000）对超过 800 名的商业专业人士进行了调查，结果表明人们对于职业成功 15 个指标的相对重要性的看法存在差异。这些差异的存在，从表面上来看，是由于个体的职业期望或职业目标不同；从深层次来说，是由于价值观的差异。

职业目标的差异在很大程度上来源于个体需求的不同。经典的需求层次理论告诉我们，人们具有多种需求，个体对于不同需求的偏重程度也有所不同。需求层次理论认为，人们具有安全、社交、尊重、自我实现等多层次的追求。Ginzberg 等（1951）宣称，动机可以分为报酬、和谐相处、内在满足三类。双因素理论将动机区分为两大类：一类是保健因素，如工作条件、薪酬等；另一类是激励因素，如对成就的认同、对工作内容的兴趣等（Herzberg，1965；Herzberg et al.，1959）。在先前需求和动力理论的研究基础上，职业领域的研究者们更进一步考察了人们在职业期望方面的差异。Schein 在 1985 年提出职业锚理论，他认为人们在职业生涯发展中，存在着多个职业锚定。不同的锚定会使人们产生不同的目标追求，从而影响其在工作中的行为与心理。通过对被试者进行大量的调查，Schein 提出人们在职业发展中存在着八种职业锚：自主型职业锚、创业型职业锚、管理能力型职业锚、技术职能型职业锚、安全型职业锚、安全稳定型职业锚、生活型职业锚、服务型职业锚（Schein，1985，1996）。Derr（1986）通过对海军样本的研究发现，人们对于职业目标的定位存在差异，归纳起来，职业目标包含五种：职位晋升、安全、自由、挑战和平衡。可见，人们无论在需要、动机还是在职业目标方面都存在差异。

主观职业成功是个体对职业成功主观性的评价。当个体在面对多个职业目标进行选择和取舍时，职业价值观发挥着重要作用。对于职业价值观的定义，不同学者提出了不同的看法。有的学者认为，职业价值观是指人们所认为的某种工作结果的重要性程度（Elizur，1984）。有的学者认为，职业价值观是人们希望通过工作来达到的目标或报酬（Nord et al.，1988）。也有学者认为，职业价值观是与工作有关的目标表达，表达个人内在需求及从事活动时所追求的工作特质（Super，1970）。国内一些学者也提出了自己的定义。如黄希庭等（1994）认为，职业价值观是人生价值观在职业问题上的反映，它是人们对社会职业的需求所表现出来的评价。通观这些定义，尽管研究者们所使用的具体表述文字不尽相同，但是基本内涵是一致，即对工作目标或工作结果的重要性程度的认识。

对于职业价值观的内在结构，学者们也表达了不同的看法。比如，一些学者将职业价值观分为工具性价值观（或手段性）和目的性（或结果性）价值观（Rokeach，1973；Elizur，1984；Robbins，2003）。一些学者将其区分为内在价值观和外在价值观（Vanus et al.，1991）。也有一些学者更深入地探讨了职业价值观的结构维度。Super（1957）通过实证研究，发现在人们心中职业价值观至少包含着 15 项内容。Miller 在 1974 年对这一研究成果进行了进一步的挖掘，将这 15 个小维度归纳为 3 个大的维度，即内在职业价值、外在职业价值和外在报酬。其中，内在职业价值指与职业本身相关的内容（如：职业的独立性、创造性等）；外在职业价值指的是与职业本身无关，但在工作中不可避免地会接触到的内容（如：与领导的关系、工作环境、职业的变动等）；外在报酬，顾名思义，是指通过工作得到的外在回报（如：金钱、地位、声誉等）。Schwartz（1992）通过实证研究得到了与 Super（1957）、Miller（1974）不同但有一定相似性的结论。他将职业价值观分为四类，即内在价值、外在价值、社会价值和威望价值。随后，Schwartz 针对其提出的四个维度，通过多个研究进行了验证。国内学者在西方研究结果的基础上，也表达了自己的看法。比如，吴铁雄等（1996）对目的性价值和工具性价值进行了细分。他们将目的性价值分为自我实现取向、自我成长取向和尊严取向，将工具性价值分为组织与经济安全取向、休闲健康与交通取向、社会互动取向和安定与免于焦虑取向四类。凌文辁等（1999）通过实证研究提出职业价值观的三因素（包括：保健因素、发展因素和声望地位因素）模型。

随着职业价值观研究的深入，人们开始探讨不同人群在职业价值观上的差异。研究表明：年龄、性别、教育程度、职业、职务的不同都会导致职业价值观的差异。

首先，大量研究表明不同年龄的人群会持有不同的职业价值观（如：Aldag et al.，1975；Taylor et al.，1976）。但有趣的是，很多研究得出了不同的甚至是相反的结论。比如，国内学者的研究表明：相对于年龄较大的人，年轻人更看重自我成长、自我实现等内在价值；相反，年长者则更在意名声、收入等外在价值（李元墩等，2001）。而韩国学者的研究结果则相反，即随着年龄的增长，人们更重视内在价值而非外在价值（Kim et al.，2002）。再比如，Aldag 等（1975）的研究表明，职业价值观与年龄存在显著的相关性，而 Taylor 等（1976）的研究则得出相反的结论。虽然存在一些争议性的结果，但是不同年龄的人在职业价值观上存在差异是不争的事实。

其次，男性与女性在职业价值观上也存在明显的差别。研究表明，男性比女性更看重外在报酬，女性则相反，更在意内在报酬（Kalleberg，1997；黄国隆，1995；吴铁雄等，l996）。Miller（1974）在 Super 的研究基础上，讨论了性别不同在职业价值观上的差异，结果表明：相对于男性，女性更看重利他主义、环境和成就三个方面的内容。在中国台湾进行的一项研究也表明：在职业价值观的测量中，女性在自我成长等内在因素上得分明显高于男性（钟志明，2000）。可见，女性相对于男性更看重内在的回报。

最后，婚姻状况、教育程度、职位等其他人口统计学因素对职业价值观也有影响。比如，Kalleberg（1997）认为教育程度的不同会使人们形成不同的工作价值观。Jack 等（1993）的研究就证明了这一点，其结果表明：教育程度的提升有助于内在价值观的形成。Hair 等（2009）的研究显示，对于男性，婚姻状况（已婚或未婚）会导致工作价值观的差别；而对于女性，这种影响则不显著（即已婚女性和未婚女性在价值观上不存在显著差异）。在职位方面，研究发现职位较低的员工更看重外在激励，而白领员工则更在意内在价值。

总之，由于种种原因，人们对于职业会持有不同的看法。不同的人在职业发展中所看重的因素也不尽相同。这正是本研究的出发点与立足点。在下面论述中，这一观点会被进一步地展开和应用。

有些学者将职业价值观与择业观混淆在一起。比如，金盛华等（2005）、凌文辁等（1999）直接将价值观定义为"个体评价和选择职业的标准"（周文霞，2008）。实际上，择业观是职业价值观在职业选择这个具体问题上的应用和表现，就好像职业价值观是价值观在职业问题上的表现一样。职业价值观更加笼统，而择业观更加具体、更加具有针对性。在择业这个问题上择业观具有更强的指导性和借鉴价值。一些学者认为，在试图探究某一具体领域的问题时，应该尽可能地使用或开发反映相关内容的具体概念（如择业观）。周文霞（2008）借鉴择业观的思路，提出了着眼于"职业成功"这一领域的职业成功观的概念。她认为，职业成功作为一个评价性的概念，不论从哪个角度对成功做出评价，都与评价者的职业价值观紧密连在一起。在研究中，她首先对来自各行各业的 30 名被试进行了深入的访谈，又邀请了北京某著名大学 MPA 班的 8 位同学（在职）进行了焦点小组访谈以验证个体访谈信息的饱和性。随后，5 名在读的博士生被邀请对访谈收集来的条目进行分类，最终得到职业成功观的九个维度：物质收入、权力地位、绩效贡献、关系网络、安全稳定、才能发挥、获得认同、自由快乐、和谐平衡。在上述质性研究的基础之上，她又对两个样本 1 000 余名被试者进行了问卷调查。通过探索性因素分析、验证性因素分析等多个数据分析过程，得到了职业成功观最终的维度结构，即外在报酬、内在满足、和谐平衡。具体而言，外在报酬偏重于工作中从外部得到的回报与奖励，如金钱、所掌握的权力、工作安全、从工作中得到的社会资本等；内在满足则强调通过工作所满足的员工内在的需求，如自己的能力和潜能得到发展、积累知识和能力、对组织独特的贡献、好的社会声誉、在工作中挑战自我、同行的认可等；最后，和谐平衡表达的是工作的同时享受生活，工作与家庭、身心健康保持和谐的状态，如在工作中感到快乐、工作家庭平衡、身体和心理的健康、享受生活等。总之，职业成功观的提出为后来的研究者们从价值观的角度探讨"职业成功"提供了新的思路。特别是，周文霞（2008）还将职业成功观的概念进行了量化，形成了包含 21 个条目的职业成功观测量工具。该问卷已经为一些后续研究所使用，其信效度都得到了一定程度的验证（Pan et al.，2013；李建伟，2010）。通过以上的回顾可以发现：从价值观到职业价值观再到职业成功观，价值观与职业成功的研究过程是由上而下、从宏观到具体的过程。研究者们认为越是具体的概念，越能准确地捕捉现实现象的内涵（周文霞，2008）。因此，下面将采用职业成功观的概念去探讨其与主观职业成功的关系。

主观职业成功及价值观的文献告诉我们，职业成功观具有多个维度，人们对不同维度的偏好和看重程度有所不同。主观职业成功是个体通过对职业成功各个方面的评价而得到的整体感知。这个过程可以分为两个步骤，第一步是对不同职业成功方面进行评价，第二步是对各种评价结果进行汇总，最终形成感知到的整体主观职业成功。在第二步中，人们并不是把对职业成功各个方面的评价结果简单地进行加总，而是会根据其偏重程度的不同（即职业成功观）迅速地配以权重，才得到整体职业成功的感知。第一步的结果只是员工针对职业成功某一方面的主观评价，它只在特定维度中具有可比性。第二步的结果才是员工真正感知到的主观职业成功。基于以上的推论，本研究将分别测量和讨论这两个步骤。为了将第一步中评价结果与真正的整体主观职业成功相区别，本研究将第一步的结果称为"职业成功评价"。后文中将直接使用这一名词。

四、主观职业成功与社会比较

Heslin（2005）呼吁要关注职业成功概念本身，对职业成功的概念进行重新界定，以突出主观职业成功的重要性。他在研究中提出，主观职业成功是一个多维概念，包括与自我比较产生的主观职业成功和与他人比较产生的主观职业成功。与自我比较产生的主观职业成功是指个体将现实中所实现的目标与其内在的一些标准进行比较后产生的成就感；与他人比较产生的主观职业成功是指将自身取得的成就与他人的成就进行比较后产生的成就感。他建议采用不同的测量方法和体系分别测量这两种主观职业成功。但是，他在这里谈的还不是职业成功概念本身，而是经过比较产生的职业成功感。下面回顾一下学者们把社会比较与职业成功结合在一起的研究历程。

Festinger（1954）的社会比较理论（Social Comparison Theory，SCT）认为：个体总是具有通过与其他个体的比较而对其成就进行评价的倾向。社会比较理论提出后，在社会心理学领域得到了数百个研究的验证和拓展（Suls et al.，2000）。社会比较同样根植于组织管理当中（Eddleston，2009），因此，很多组织管理的研究也从社会比较的视角来探讨员工在组织中的行为，比如，领导—下属交换关系研究、组织公平研究、组织身份认同研究、薪酬满意度研究等。但是在职业的视角下，对社会比较的研究还很欠缺（Buunk et al.，2005）。最早引起研究者们关注的是对客观职业成功中最关键的指标——"薪酬"的比较，通常学者们从公平理论（Adams，1965）和差异理论（Lawler，1971）来解释这种现象。公平理论认为：人们总会将自己的付出与回报进行对比，非常在意付出／回报率（Input／Pay Ratio）。当个体认为自己的付出／回报率低于其他个体时会感到满意，反之则会产生负面情绪。薪酬满意度的研究者们（Goodman，1974；Heneman，1985；Lawler，1971）提出满意度差异理论，他们认为员工对薪酬有两种认知：一个是根据自己的标准（比如：同事的薪酬、期望薪酬、最低薪酬等）应该得到的薪酬；另一个是实际得到的绝对薪酬。当这两者相一致（即没有差异）时，员工才会感到满意。可见，员工不仅看重绝对薪酬，而且在意将绝对薪酬与自己的标准相比较后得到的相对薪酬。薪酬的差异会影响人们对分配公平的认知，而将实际的薪酬与不同标准的比较会影响员工的薪酬满意度（Sweeney et al.，1990；Judge，1993；Rice et al.，1990；Wil-liams，1995）。公平理论和差异理论都认为对薪酬的满意度是个体社会比较的结果。实证研究的结果也证明了这一点。Williams（1995）的研究表明：薪酬比较与福利满意度呈正相关关系。Rice 等（1990）通过实证结果证明：员工所选取的比较标准越低，薪酬满意度越高，并且几种薪酬比较（与期望工资 E 比，与他人工资比，与本地平均工资比，与最低工资比）都与满意度显著相关。Judge（1993）进一步证明：薪酬比较与薪酬水平、福利、加薪、薪酬结构和管理等都有较强的相关性。元分析结果显示：一般比较、组织外比较、组织内比较都与薪酬满意度呈正相关关系，相关系数分别为 0.40、0.57、0.56（Williams et al.，2006）。因此，与自己的期望薪酬相比和与他人薪酬相比，会产生不同的影响效果，而它们都会影响员工对职业发展状态的认知。

随着职业成功研究的深入，学者们逐渐发现个体对于职业状况的比较不仅局限于财务指标上。于是，社会比较理论开始在职业成功的其他方面得到应用。Schein（1990）基于"人们如何通过社会比较来评价职业成功"的问题进行了研究，其中有两个非常有趣的例子：一个拥有 200 万美元的企业家觉得自己很失败，因为他的朋友都拥有 300 万美元；另一个身居中层的管理者觉得自己很成功，因为他目前已经超越了其父亲终身所达到的职位。Law-rence（1984）在研究中询问被试者："相对于其他同事，职业发展状况是落后还是超前了？"Turban 等（1994）在探讨导师指导（Mentoring）对学徒（Prot696）职业成功的影响时，使用"相对于其他同事，你认为自己有多成功？""在重要他人看来，你已经取得了多大的成功？""相对于你现在的年龄，你认为现在的职业发展是超前了，还是落后了？"等条目测量了与他人比较和与自我比较的职业成功感知。借鉴 Turban 等（1994）的做法，Kirchmeyer（1998）考察了中层管理者通过比较产生的职业成功感知。尽管这些研究都使用了他人比较或自我比较的方法，但是他们只是将其作为一种测量职业成功的途径，而没有从理论和概念上正式提出并论证这个问题。Heslin（2003，2005）认识到这一点，大力提倡从他人比较／自我比较的角度开展职业成功的实证研究。Heslin（2003）通过对 71 名在职 MBA 学员的测试，探索了他人比较标准在评价职业成功中的作用。参与者被要求评价自己的职业成功状态，特别是要回答是如何得出这样的评价的。结果发现多于 2／3 的被试者在感知职业成功的过程中会使用与他人比较的标准。因此，Heslin（2003）认为：根据社会比较理论，员工在对自己的职业发展现状进行评价时，不仅会与自己的职业期望相比，而且会参考其他同事的职业发展状况。基于理论的分析和现实的启发，Heslin（2003，2005）提出：人们在评价职业成功状态时也会遵循着两个截然不同的标准："自我比较标准"和"他人比较标准"。"自我比较标准"反映了个体职业相关的标准和期望；"他人比较标准"则着眼于与他人的成就相比较（Hes.1in，2005）。在此基础上，Heslin（2005）又加入了对评价主体的考量（即"客观"或"主观"）的因素，从而将职业成功分为了四种（见表 1-2）：客观——自我比较的职业成功、客观——他人比较的职业成功、主观——自我比较的职业成功、主观——他人比较的职业成功。

表1-2职业成功的四种类型

	客观领域	主观领域
自我比较标准	客观——自我比较的职业成功 例：自己财务和晋升的期望	主观——自我比较的职业成功 例：工作家庭平衡的目标和履行
他人比较标准	客观——他人比较的职业成功 例：我同事的收入	主观——他人比较的职业成功 例：相对于同事，我感受到的激励与愉悦

注：引自Heslin（2005）121页。

后来的学者在 Heslin（2003，2005）研究的基础上进一步拓宽和发展了"自我／他人比较职业成功"的概念并进行了一系列的实证研究（Abele et al.，2008，2009，2011：Dette et al.，2004）。

总之，研究者们探讨社会比较在职业成功中的作用，是从客观（职业成功）到主观（职业成功）的过程。并且，社会比较对于主观职业成功发挥着更加重要的作用。

五、主观职业成功的测量

（一）主观职业成功测量的现状

虽然学者们对于主观职业成功解读的角度不同，但是都包含了相似的内涵。比如：对社会的贡献、家庭关系、个人成就、专业成就、安全保障等。奇怪的是，学者们却使用各种不同的指标来测量主观职业成功。比如，Harris 等（2001）、Judge 等（1994）在其研究中使用工作满意度作为测量主观职业成功的指标。Seibert 等（2001）、Greenhaus 等（1990）、Aryee 等（1994）则使用职业满意度作为衡量指标。Cable 等（2002）、Johnson 等（2002）使用职业承诺来测量成功。Eby 等（2003）提出感知到的内在／外在市场竞争力的概念，并以此测量职业成功。Lyness 等（1997）则沿用了薪酬满意度来度量成功。Turban 等（1994）使用职业成功感来反映被试者对职业成功的判断。测量指标的多样化和不一致在很大程度上影响了主观职业成功的研究，阻碍了人们对其认识的深入。因此提出一个准确、恰当、科学的测量方式并开发相关工具势在必行。本研究就着眼于此，开发新的测量问卷。要想编制具有更高信效度的测量工具，就先要厘清已有工具中存在的问题。下面就以研究者们最常用的职业满意度或工作满意度指标为例，来探讨其中存在的问题。

（二）主观职业成功测量工具的缺陷

在所有的主观职业成功的测量指标中，工作或职业满意度是最为常见的一种，特别是 Greenhaus 等（1990）的职业满意度问卷（如：Judge et al.，1995，1994；Pan et al.，2013；Thorndike，1934）。其实，这种使用满意度来测量主观职业成功的方法早在 1934 年 Thorn-dike 的研究中就已经被提出并使用了，沿用至今已有 80 多年了。那么，这种方法是完美和准确的吗？

首先这种操作化的方式得到了一些研究者的认同。比如：Judge 等（1999）支持这种做法，他宣称：对工作诸多方面不满意的员工不会认为自己的职业生涯是成功的。但是，更多的学者对此持否定的态度。Heslin（2005）指出，使用满意度来替代职业成功存在一些局限性：第一，一个职业获得巨大成功的人，当他重新开始一个令人不满意的职业时，并不会认为自己职业成功的程度降低了；第二，有的人虽然对自己的职业成就并不满意，但是却对目前的工作感到满足；第三，令人满意却蕴含较少未来职业机会的工作并不会激起人们的职业成功的感受；第四，一些人虽可能会厌恶自己的工作，却可能会喜欢由这个工作所带来的某些好处；第五，当人们付出的成本过高（比如：以牺牲健康、家庭或者个人的价值观为代价）时，高工作满意度并不必然带来高主观职业成功的感受。他们认为主观职业成功是对现实和预期的职业相关成就的反映，相比于一时感知到的工作满意度，它持续的时间跨度更长，所蕴含的意义也更广（比如：认同感、目的性、工作家庭平衡等）。职业满意度虽然比工作满意度更能准确地表达职业的内涵，但是它仍然不足以用于有效而准确地评估个体的主观职业成功（Heslin，2005）。比如说，标准化职业满意度量表中提到的关于"职位晋升"的条目对于那些小企业主、咨询师、合伙人等职位层级不明显的职业就不适用。

Heslin（2005）强调：主观职业成功测量的有效性最终取决于是否捕捉到了所想要反映的核心现象的内在含义。通过对已有文献进行梳理和分析，本书认为直接使用职业或工作满意度的测量工具去度量主观职业成功并不能准确捕捉其核心内涵，因此这样的测量方式是不准确、不科学的，其原因主要有以下两方面。

第一，主观职业成功是一个多维度的概念，用单维度的工具去测量主观职业成功不能全面反映其内在含义。早在1954年Miller就将职业成功的标准分为四类：安全、职业满意、威望和社会回报。Sturges（1999）探索了管理者眼中的职业成功的内涵。他通过对多名英国企业管理者进行访谈，发现管理者们认为的职业成功并不是一个单一维度的概念，它至少包括四方面的内涵：攀爬职业阶梯、成为专家、具有影响力和自我实现。Friedman等（2000）通过对超过800名的商业专业人士的调查，发现职业成功的内涵至少包括五个方面：地位、自我的时间、挑战性、安全感和社交。近年来，越来越多的学者聚焦于职业成功多维性的讨论，并取得了一定的成果（Dries et al.，2008；Nicholson et al.，2005；Zhou et al.，2013）。Nicholson 等（2005）在其研究中指出了六个职业成功的判断标准：对于所得成就的骄傲、内在工作满意度、自尊、对工作角色的承诺、恪守的相互关系以及满足感。Dries 等（2008）通过对比利时职业经理的访谈，认为：主观职业成功应该包括自我发展、提升、创造力、贡献、绩效、满意度、安全感、合作和认同等多个维度。Zhou 等（2013）发现中国人的职业成功观至少包括三个维度：外在报酬、内在满足以及和谐平衡。可见，不管是直接证据还是间接证据，都表明：主观职业成功是一个多维度的概念，如果仅使用单维度的测量工具显然不能完全反映出其内在的多样性，更无法揭示不同维度之间的差异。

第二，职业成功是一个主观性的评价指标，在测量时应该考虑到个体职业成功观在其中的作用。Gattiker 等（1988）指出：主观职业成功反映了个体的价值标准和内在偏好，不同的人对于成功有不同的理解和侧重。关于成功标准的讨论，已经为职业成功领域的研究者们所关注，并逐渐成为职业领域研究的热点。Arthur 等（2005）指出：在无边界职业生涯的背景下，人们对职业期望的差异很大，对职业发展的侧重点也有所不同。研究表明，不同的人所使用评价成功的标准是不同的。比如：Cangemi 等（1986）在一项针对 35 000 名员工的问卷调查中，就发现员工所报告的最想要的东西与主管们认为员工最期待的内容差别巨大。即便在同一社会阶层，不同个体所追求的职业目标（比如：收入、地位等）也是不同的（Bailyn，1989）。Friedman 等（2000）通过对超过 800 名的商业专业人士进行调查，讨论了职业成功 15 个指标的相对重要性。在其他职业领域的研究中，这种思想也有所体现。比如，Schein 早在 1985 年就提出职业锚理论，他认为个体的职业目标与其所具有的价值观和需求紧密相关。人们会根据其所看重职业成功的不同侧面而追求不同的职业目标。工作价值观和职业价值观的研究也表明：价值观会影响人们对职业目标的追求（Hair et al.，2009；Kalleberg，1997；黄国隆，1995）。相对于广泛意义上的价值观研究，周文霞（2008）针对职业成功标准的问题，提出了职业成功观的概念。她认为，职业成功作为一个评价性的概念，与评价者的职业价值观紧密连在一起，或者说它是职业价值观的重要组成部分，主观职业成功标准就是一个人的职业成功观。可见，职业成功观是价值观在职业成功上的具体体现，能够更加准确地反映人们对于职业成功这一特殊问题的看法。总之，大量的研究都表明人们对职业成功的价值观在很大程度上影响了其对职业成功的主观感知（周文霞，2008）。即便使用多维度的主观职业成功的测量工具，将各维度的分数简单加总仍然是不准确的。

以上回顾了先前的研究对主观职业成功测量工具使用的情况以及现有工具所存在的缺陷。本书将以主观职业成功测量工具的滥用和缺失为出发点，以现有工具的缺陷为着眼点，来编制新主观职业成功测量问卷。首先，将编制职业成功评价问卷，它测量的是被试者根据自己的职业发展状况对职业成功各个维度的主观评价（以下称"多维度职业成功评价问卷"）。其次，引入职业成功观，将之作为权重与职业成功评价问卷的答案相结合，形成更加准确的主观职业成功测量工具（以下简称"权重的主观职业成功问卷"）。

六、主观职业成功与幸福感

（一）幸福感的定义

幸福感的研究兴起于 20 世纪 50 年代，我国学者对其的研究开始于 80 年代中期。幸福感，又常被称为主观幸福感（Subjective Well.being）。那什么是幸福呢？有学者从情感体验角度对幸福进行定义。幸福是指人们频繁感知到积极的情感状态（Boehm et al.，2008）。Bradburn（1969）认为个体体验到的积极情绪比消极情绪越多，就越会感到幸福。也有学者从个体自我评价的角度，认为幸福是人们按照自己的标准对自己生活状态的整体评价（Shin et al.，1978）。当然也有学者以外部的客观标准来定义幸福，他们认为幸福并不是个体的主观评价，而是基于观察者的价值标准所得到的（Diener et al.，1984）。本书更认同第一个观点，从情感角度定义幸福。

（二）幸福感的测量

对于幸福感的测量，不同领域的学者采用了不同的视角。但是总体而言，对幸福感量化的测量（特别是在心理学中）一般都采取前两种定义的视角，即情感体验和认知评价。也有学者称其为认知幸福感（Cognitive Well-being）和情感幸福感（Affective Well-being）（Diener，1984），由此形成了两种测量：对心理健康层面上幸福感的测量和对生活质量层面上幸福感的测量。

生活质量层面上幸福感的测量，是让被试者对其生活质量进行满意度的评价。Neugarten 等（1961）最早开发了生活满意度量表（Life Satisfaction Scales，LSS），该量表由三个分量表组成：生活满意度指数 A（Life Satisfaction Index A，LSIA）、生活满意度指数 B（Life Satisfaction Index B，LSIB）和生活满意度评定量表（Life Satisfaction Rating Scale，LSR）。评价的内容包括生活中的热情、现实与期望目标的一致程度、乐观的心理、良好的自我概念，等等。之后，也有一些学者提出了其他的测量方式，如让被试者按照自己的标准来评价过去、现在及未来的生活满意度（Cantril，1965）。但是上述测量方式都具有一定的缺陷，即用单一条目测量整体的幸福感或者通过对具体领域满意度的综合而得到对生活质量的总体评价。Diener 等（1985）基于此开发了生活满意度量表，通过多个题项对整体幸福感进行测量。该问卷包括 5 个题项，得分越高代表满意度越高。它是最被广泛使用的多项目整体幸福感测量工具。

心理健康层面上幸福感的测量起源于健康心理学和积极心理学的发展。认同这种方法的学者认为个体是否幸福取决于积极情绪与消极情绪的平衡。以此为理论出发点，Brad-burn（1969）开发了情感平衡量表（Affect Balance Scale，ABS）。该量表由 10 个项目组成，其中 5 个测量积极情感，另外 5 个测量消极情感。另一个更为广泛使用的量表是 Watson 等（1988）开发的积极与消极情感量表（Positive and Negative Affect Schedule，PANAS）。该量表包括 20 个形容词，其中积极的形容词 10 个，消极的形容词 10 个。要求被试者将自己过去一段时间内的情感体验与这些形容词相对照，并对每一个形容词进行评分。有学者认为短期的情感体验并不能代表个体的幸福感高低。于是，Kozma 等（1980）编制了纽芬兰纪念大学幸福度量表（Memorial University of Newfoundland Scale of Happiness，MUNSH）。该量表既包括对短期情感反应的测量，也包括对长期情感体验的量度，因此可以通过对两者的加权平衡来判断被试者的幸福感。它分为正性情感、负性情感、正性体验和负性体验4个分量表，一共有24个题项。纽芬兰纪念大学幸福度量表在国内外得到了广泛的应用。但是，需要指出的是，该量表一般用于对老年群体主观幸福感的测量。

在我国，一般采取修订或改编西方量表的方式对幸福感进行测量。刘仁刚等（1999）、杨彦春（1999）和周建初（1990）分别修订了西方的幸福感量表。梁宁建及其同事于2006年使用Campbell幸福指数量表（Index of Well.being，IWB）探讨了大学生的主观幸福感与网络成瘾之间的关系。

（三）幸福感与职业成功

对于职业成功与幸福感的关系，研究者们已有过一些讨论。但是，大部分研究都是集中在对客观职业成功与幸福感关系的考察上。比如，Diener所开展的一系列关于收入与幸福感的关系研究（Diener et al.，2002）。很少有研究着眼于职业成功的另一种形式——主观职业成功与幸福感的关系（Pan et al.，2013）。下面，就从客观职业成功和主观职业成功两个角度分别回顾一下已有的研究成果。

收入与主观幸福感关系的研究是从经济学领域开始的。开始时，人们坚信收入与幸福感是呈正相关关系的。Easterlin（1974）的研究开创性地打破了这一旧有观点，提出了"收入——幸福之谜"，从而引起了学界对此问题的关注。研究者们随后对此进行了深入而广泛的讨论。研究结果表明：幸福感与收入的关系远没有人们想象的那么紧密，两者之间仅有微弱的显著相关关系（Andrews et al.，1976；Argyle et al.，1987；Campbell et al.，1976；Diener et al.，1999，2002；Headey et al.，1992）。在实证测量当中，学者们一般使用某地区的人均GDP来代表收入程度。来自多国的数据表明，收入与幸福感有显著的相关关系（Diener et al.，1999；Easterlin，1995；Veenhoven et al.，1989；Veenhoven，1991）。但一些研究者认为这样的跨国横截面数据没有考虑到国与国之间的文化差异和社会资本差异。因此，学者们开始使用时间序列数据进行研究。这样的研究结果表明：收入对主观幸福感仅有很小的影响（Campbell et al.，1976）。Veenhoven（1993）在一项跨国研究中证明，收入对幸福感的边际效应递减。收入对于幸福感在短期内的影响要高于长期的影响。从某一时点或某一国家的范围来看，收入和幸福感是呈正相关关系的，但是在时间序列研究中，幸福感并没有随着收入的增加而有显著的提升。学者们称其为"幸福悖论"（Paradox of Happiness）。

Kahneman 等（2006）试图通过焦点幻觉理论来解释以上的实证结果。他认为人们夸大了收入对幸福感的效用。比如，人们为了提高收入会以牺牲家庭和社交机会为代价，来增加工作时间（如推迟下班时间）。当他们意识到收入的增长并没有带来足够的幸福感提升时，就会逐渐把注意力转移到家庭生活的其他方面，所以收入对幸福感的长期影响会比较微弱。Easterlin（2001）则从生命周期的视角来看待这一问题。他认为人们的欲望会随着收入的增长而增长，当人们认为未来会更加幸福时，是把现在的预期或欲望放置于未来了。而随着未来的到来，其欲望也增长了，这时他会发现原来收入的增长并没有带来所预期的幸福。还有学者提出了相对收入假说（Relative Income Hypothesis，RIH）。该假设认为人们幸福与否不取决于绝对收入，而取决于与他人比较后的相对收入，最终起决定性作用的是人们对收入的感知（满意度）。基于此种假设而衍生出来的对"幸福悖论"的解释有两种。"相互依存偏好"（Interdependent Preference）：人们比较的标准是"社会的""外在的"。在同一时点上，比周围的他人收入高，会带来收入的提升感。但是在时间序列中，随着个人收入的提高，周围人的收入也提高了。因此，时间上收入的增加并不带来绝对的幸福感。"习惯形成"（Habit Formation）：人们比较的标准是"内在的""心理的"，是与过去的经验进行比较的。随着时间的推移，人们对高收入逐渐具有了适应性。收入提高会带来比较基准的提升，收入并不能不断地提升幸福感。这两种解释都是从收入的相对性出发，却使用了不同的比较标准："与他人比较"和"与自我比较"。后来的学者在探讨职业成功时，也使用了这两种标准（如：Heslin.2003。2005；Abele et al.，2008，2009）。后面的章节中会对此进行更详细的拓展。在生活中，还有一些其他因素会影响收入与幸福感的关系。研究表明：对于不同年龄的人来说，幸福对收入的影响会有所不同。当人们年轻时，收入少许的增加就会带来幸福感明显的提升。而当步入中年后，随着收入的不断提高，收入对幸福的效用开始递减。但是，对于老年人来说，收入的增长会带来幸福感的显著提升。可见，收入与幸福感的关系是随着年龄的增加而呈 u 字形变化的（Oswald，1997）。国家整体收入水平也会影响两者间的关系，研究表明：相对于富裕国家，在贫穷国家中，收入水平与幸福有更强的相关关系，比如在加尔各答的贫穷地区，两者的相关系数达到了 0.45（Biswas-Diener，2000）。另外，社会比较也会对收入与幸福感的关系产生影响（Diener et al.，l999）。Easterlin（1974，1995，2001）提出只有相对于他人的收入提高，才能提升个体的幸福感。实证研究的结果证明了这一点。比如：Clark 等（1996）在对英国的 5195 名工人进行的调查中发现，作为比较对象的参照组收入越高，被试者的幸福感就越低。

除了收入水平之外，研究者们也从其他角度探讨了职业成功与幸福感的关系。Cro-panzano 等（1999）在其研究中发现，上司积极的评价与主观幸福感有正相关关系。Iverson 等（1998）从社会支持角度探讨了成功与幸福的关系。结果发现，在获得同事和上司的社会支持方面越成功，员工越容易感到幸福。George（1991）则从助他的角度开展研究，其结果表明。个体在帮助他人方面获得的成功同样能够提升个体对幸福的感知。还有一些学者从职业成功的反面——"失败"开展研究。一系列的研究结果表明，失业对于幸福感有显著的破坏作用。比如，Clark 等（1994）在一项针对英国家庭进行的追踪研究中，发现失业人群的幸福感明显低于就业人群。一些学者推测，由失业带来的幸福感下降源于收入的下降。然而实证的研究结果并没有支持这一推论。Winkelmann 的研究发现，由失业带来的心理上的影响远远大于金钱的影响。他的研究表明：要想通过"提高收入"来弥补由于失业而丧失的幸福感，需要的成本是其收入的七倍。可见，主观职业成功远比客观职业成功对于幸福感的影响更深远。或者说，人们对职业成功的主观感知对于幸福感具有更直接、重要的影响。但是，遗憾的是，研究者们对于主观职业成功和幸福感的关系的探讨并不多。

尽管主观职业成功与幸福感都属于个人的主观反应，但是，主观职业成功是个体对职业状态的认知评价，而幸福感则是个体在生活中（包括工作）的情感体验。两者显然是完全不同的两个概念。一些学者将工作满意度作为指标来衡量主观职业成功（Harris et al.，2001；Judge et al.，1994），而幸福感被认为是对生活整体情况的评价（Diener et al.，1985）。因此，生活满意度与工作满意度两者间关系的研究可以为我们理解主观职业成功与幸福感的关系提供间接的参考。Tait 等（1989）通过对大量相关研究的元分析，发现工作满意度与生活满意度间具有一定的相关关系，相关系数为 0.44。Judge 等（1993）通过实证研究发现，工作满意度与主观幸福感具有一定的因果关系。相对于这些间接的证据，Pan 等（2013）针对主观职业成功与幸福感关系这一具体命题展开了研究。他们对 994 名企业员工展开了问卷调查，通过对数据的分析发现主观职业成功对于幸福感有积极的影响。同时，数据结果还表明：职业承诺对于这种效应起着调节作用。也就是说，当员工对于职业有较高的承诺度时，从工作中获得的职业成功可以带来更多的幸福感。主观职业成功是员工对职业成就的评价，而幸福感是由于其对整体生活的评价而产生的情感体验。如果员工很在意他的职业，认为职业发展在其生活中占据着重要的地位，这时主观职业成功对于幸福感的影响效果会明显增强。

通过对以上文献的梳理，可以看到尽管职业成功与幸福感的关系引起了学者们的广泛关注（如：Diener et al.，2002，1999；Easterlin，1995，2001），也取得了一系列有意义的成果。但是，仍然缺乏系统的研究。特别是对于主观职业成功与幸福感，很少有研究有针对性地直接探讨两者的关系。虽然 Pan 等（2013）对这一命题初步进行了探索，但是两者之间更深入的关系有待于进一步揭示。

第二章　高校教师职业幸福感的理论探讨

第一节　高校教师职业幸福感的内涵

在可以找到的教育辞书中，我们没有查阅到与"高校教师幸福"或"高校教师职业幸福"相关的词条，但在一些专著和论文中，有学者曾对"高校教师幸福"进行了界定，我们在文献综述中已对其进行了归纳。我们认为，"高校教师幸福"与"高校教师职业幸福"这两个概念的含义是相同的，因为"高校教师"本身就是一个职业名词，但"高校教师幸福"这个概念容易使人误解为"高校教师的幸福"，而"高校教师的幸福"包括高校教师的职业幸福，而不仅仅指高校教师的职业幸福，将"高校教师幸福"与"高校教师的幸福"等同使用会混淆高校教师的自然人身份与职业人身份。为了避免这种误解，也便于行文的严密性，我们使用"高校教师职业幸福"这一概念，并将其约定为：高校教师在教育工作中，实现自己的职业理想，体味人生价值并获得自身发展的精神愉悦状态。

高校教师职业幸福存在于高校教师职业理想的实现或正在实现的过程中，教育实践活动是其场域与源泉。在促进学生发展的同时，高校教师自身也获得发展是高校教师职业幸福的应含之维。虽然高校教师职业幸福要以一定的物质基础为条件，但它排除了物质幸福的成分，是一种精神幸福，这种精神幸福是心理体验与职业伦理的统一，是主观努力与客观条件的统一，是享受与发展的统一，是开放的动态系统。

一、高校教师职业幸福是心理体验与职业伦理的统一

有人认为，人的本性在于他的生理特征，幸福源于生理欲望的满足，为生理幸福观；有人认为人的本性在于他的心理属性，幸福源于人的理智、情意的活动，为心理幸福观；还有的人从人与动物的根本区别上指出，人的幸福只能来自他的社会性道德行为，为伦理幸福观。其实，人性既不是人的某一方面的属性，也不是各种属性的机械相加，而是各要素的辩证整合，是生理属性、心理属性和伦理属性的统一体。在现实的人性中，没有纯粹的自然属性，也没有纯粹的心理属性或社会属性。生理、心理、伦理幸福各有其特点，在完整的幸福中发挥着无以替代的作用，所以在质上它们是同等重要的。从这个角度来说，人的幸福可分为生理幸福、心理幸福和伦理幸福。三者之间是一种既相区别、又相联系，还相转化的辩证关系。

生理幸福是高校教师职业幸福的基础，但不被包含在高校教师职业幸福之内，高校教师职业幸福是心理幸福和伦理幸福的统一。主观心理体验决定高校教师是否感受到职业幸福，职业伦理则决定高校教师感受到的幸福是否正当。幸福首先是一种主观的心理体验，但单纯的主观心理体验是靠不住的，心理学体验加上伦理学的价值限定，才是真正的高校教师职业幸福。同时，也只有产生了主观体验的伦理价值才能是幸福的，那些因无意识地使行为符合伦理价值却无内心体验的，或被迫做出合伦理的行为因而没有产生主观体验的，都不是高校教师职业幸福。有些行为，高校教师个人觉得"值得"，但却违背职业伦理价值；有些行为虽然高尚，但高校教师个人并不觉得它"值得"，它们都不能产生真正的高校教师职业幸福。高校教师职业幸福的心理体验要有伦理标准去修饰，伦理标准要有心理体验去证实，因此我们说高校教师职业幸福既是心理的，也是伦理的，是高校教师在教育工作中的主观心理体验与职业伦理规定的统一。

另外，在高校教师追求职业幸福的进程中，至于什么是值得和不值得关注

的，什么是其职业幸福生活所必需的或多余的，都涉及一个价值判断问题。某些东西之所以被高校教师认为是值得拥有而使其职业生活幸福，不是因为这些东西具有产生幸福的内在潜能，而是高校教师价值判断的结果。在职场中，高校教师之所以感到幸福，是因为他拥有他需要的一切，这一切都是值得拥有的。这样，高校教师的职业幸福就成为一个富有弹性的概念，就是均衡的职业生活，就是高校教师心理体验与职业伦理相统一时的价值评判。

二、高校教师职业幸福是主观努力与客观条件的统一

高校教师职业幸福只能在教育活动中才能实现，是高校教师主观努力与客观条件相契合的结果。举例来讲，教学活动是高校教师指导学生学习的一种创造性教育活动，它是由高校教师的"教"和学生的"学"构成的特定的双边活动过程，两者都以对方存在为客观前提，缺少或忽视任何一方，都不能构成教学。但教学活动只是为高校教师的知识力量释放、人格魅力展示和职业幸福的获得提供了一个源泉和客观基础。如果一个高校教师在客观条件都具备的同时，没有把自己的职业理想付诸实践，这就注定他无法体味教育劳动的乐趣，当然不会获得职业幸福。只有经过教学，进行"传道、授业、解惑"，促进学生整体素质的提高，为学生的终身发展奠定基础，使之成为对国家对社会有用的人才，高校教师才可能获得真正的职业幸福。也就是说，在客观条件具备的情况下，高校教师的职业生活也并不必然是幸福的，高校教师职业幸福来源于高校教师的辛勤劳动和积极创造，依赖于高校教师的主观努力，表现在高校教师与教材、与学生、与同事、与自己的融合统一之中。在某种意义上讲，高校教师职业幸福是一种潜在的能力，它的彰显要靠高校教师的努力，"由于幸福本身的精神性和社会性，没有健康的价值需求与追求的人必定是远离幸福的人，提升人的人生追求本身就是提升人的幸福水平的前提，幸福存在于人生的实现过程，一个人的生命力在何种程度上得到健康张扬，其创造力在何种程度上得到发挥，其潜能在何种程度上得到实现，其幸福也就在何种程度上得到实现。"

三、高校教师职业幸福是享受与发展的统一

在职业道德和伦理规范中，我们往往更多地强调高校教师的奉献精神，要求高校教师做春蚕和蜡烛，一切为了学生的发展。如果从高校教师职业的社会性角度来看待这些要求，这是社会对高校教师职业的规约，有其合理性的一面，但如果将其推向极端，则显得未必全面和合理，这是因为高校教师不仅要履行社会职责，承担社会义务，而且也应享受到职业的尊严与幸福，在促进学生发展的同时，自身也应得到发展。从这个角度讲，高校教师职业幸福应是享受与发展的统一。

享受是人存在和发展的前提与动力，过度限制享受和欲望就是限制人的存在和发展，高校教师职业幸福不能远离人的生活。如果高校教师为了得到所谓的幸福而远离人的生活，那么这种幸福就不是人的幸福。当然，高校教师职业幸福不是物质欲望得到满足的自然性、实时性的快感，而是高校教师实现其职业理想的精神性愉悦，是高校教师的自我发展与超越。高校教师的生命应该是一个通过自己的努力向着理想和圆满的定向展开的过程，高校教师职业幸福应是发展与超越的过程，存在于高校教师永无止境的创造性活动之中，存在于高校教师永恒的发展之中。享受与发展是高校教师职业幸福中不可或缺的两个方面，离开享受，发展就毫无意义；离开发展，人就只能处于原始状态，无法超越动物性的存在。高校教师职业幸福应该是享受与发展的平衡与统一。对于幸福的高校教师来说，教育不是牺牲，而是享受；不是重复，而是创造；不是谋生的手段，而是生活本身。

四、高校教师职业幸福是开放的动态系统

高校教师职业幸福是由几个相关的维度构成的复合系统，包含多个子系统。系统内部各子系统、次子系统与各要素之间纵横交错，共同构成高校教师职业幸福的整体架构，反映高校教师职业幸福的整体风貌。同时，高校教师职业幸福是高校教师在教育实践中，在长期职业生活的意义体验与整合的基础上逐渐形成的，它不是静态的、封闭系统，而是一个不断和外界交换信息和能量的开放系统，既受高校教师的职业理想、职业观念、职业能力、职业道德、人

格特质的深刻影响，同时又受高校教师所处文化、经济、政治等各种外界环境的影响。由于高校教师职业幸福是一个动态的、不断发展变化的开放系统，因此只有对其进行动态分析，进行全方位、多角度的系统综合考察，才能全面把握、深入揭示其内涵与特点。

第二节　高校教师职业幸福感的类型

就幸福的主观形式来说，幸福确实是一种精神的、心理的体验，因而只要教师在职业生活中觉得幸福，他确实就是幸福的，但是他所拥有的职业幸福究竟是何种幸福？其性质和类型究竟如何？却是客观的不依教师的主观感觉而转移的。

一、人际幸福与精神幸福

在社会生活中，人的需要从根本上可以分为两类：①人际性需要和个人性需要。所谓人际性需要，是一个人因为与人交往才有的需要；所谓个人性需要，是人在独立生活的情况下具有的需要。个人性需要又可以进一步分为物质性需要和精神性需要。

在日常生活中，人们往往把非物质性需要都当作精神性需要，如把名誉感、做一个好人的道德需要等人际性需要当作精神性需要。这样，人类的需要就是我们通常所说的两类：物质性需要和精神性需要。这种两分法有不明确之处，因为有一些需要既不是物质性需要也不是精神性需要，而仅仅是一种人际性需要。人际性需要与精神性需要的确有相同之处，至少它们都不是物质性需要，但是它们又有区别：精神性需要是人的个人精神生活之需要，离开他人这种需要依然存在，而人际性需要则是人的社会交往的需要，离开他人这种需要就不存在了。因此，我们既不能把人际性需要归人物质性需要，也不能把它归入精神性需要，我们只能把它分离出来，进而把人的需要分为物质性需要、精神性需要和人际性需要三类。需要的满足则会引起幸福的产生，据此我们可以将幸福相应地分为物质幸福、人际幸福和精神幸福三类。

虽然教师职业幸福需要必要的物质条件，但它不包含物质幸福。这样看来，从人的需要的角度，我们可以将教师职业幸福分为精神幸福和人际幸福两类。教师的精神幸福是教师的审美需要、求知需要、自我实现需要得到满足的产物，表现为由于其职业理想的实现而拥有的精神享受。教师的人际幸福是教师与教师、与学校领导、与学生、与学生家长交往的产物，体现为其融入教师群体的归属感和被学校领导、学生、家长认同与拥戴的成就感。

师生之间的人际幸福是教师人际幸福中最重要的组成部分，教师职业幸福离不开良好的师生关系。在教育过程中，师生在幸福上是相互感染的。教师辛勤的劳动和坦诚之心，一旦感染了学生，就会引起学生对教师由衷的敬爱。"和谐的师生关系要靠师生共同努力去营造，只有彼此坦诚相待，真情相对，才可能收获甘甜的幸福。不管是聪明乖巧受过你夸赞鼓励的学生，还是因言行不当受过你批评教诲的学生，也不管是当时便感激师恩，还是过后甚至若干年以后才有醒悟或一直不明了却受之引导，良师的教诲都将影响学生的一生，有什么能比荡涤他人灵魂并令之受益终身更幸福的事情呢？"

然而，人际幸福只是教师职业幸福的中级状态，精神幸福才是教师职业幸福的高级状态，这是因为不论从种系的进化上看，还是从个体发育来说，物质和物质需要都是最初的、最低阶段的产物，精神和精神需要都是最迟的、最高阶段的产物，而人际交往和人际需要则介于两者之间。越是高级的需要，就越为人类所特有。马斯洛虽然在需要类型的划分上有失准确，但却科学地证明了需要的高低等级，从而揭示了物质幸福是低级幸福、人际幸福是中级幸福、精神幸福是高级幸福之真谛。马克思的生活就是一个最好的范例，他用自己一生的实践证明了精神幸福是最高级、最高尚的幸福。确实，人生在世，有什么幸福能比获得精神幸福更高级呢？精神幸福应是教师职业生活追求的最高目标。

二、利己幸福与利他幸福

对每个人的生存发展之完满有价值、有意义的只能是利己和利他两种目的，因为一个人只有实现了这两种目的，才可能是幸福的，所以虽然目的和快乐可以分为利己、利他、害己、害他四类，但幸福却只可能分为利己与利他两类。所谓利己幸福是为了自己的幸福，是一个人利己目的得到实现的幸福，是一个人对自己的一生具有重大意义的利己的需要、欲望、目的得到实现的心理体验。所谓利他幸福是为了他人的幸福，是一个人利他目的得到实现的幸福，是一个人重大的利他的需要、欲望、目的得到实现的心理体验。从这个角度，我们又可以将教师职业幸福分为利己幸福与利他幸福两类。我们往往强调教师职业的利他幸福，而很少关注其中的利己幸福。其实，虽然从逻辑上讲教师职业生活中的利己幸福与利他幸福是泾渭分明的，但在现实中二者是无法截然分开的。

如果一个教师实现利他目的对于他自己的生存发展之完满具有重大意义的话，他的这种利他目的得到实现的心理体验就不仅仅是快乐，而是一种幸福，是一种利他幸福。这一点，只要我们反思教师的生活，就会有同样的体验。许多教师往往为了学生而丝毫不为自己，甚至做出许多自我牺牲，但内心却充满了喜悦和幸福。但是，一般说来，获得利他幸福与获得利己幸福是相辅相成的，因为一个教师获得的利他幸福越多，他的师德就会越高尚，而一个师德高尚的教师会更多地受到社会和学生的赞赏，于是他的利己幸福也就越容易实现了，他的利己幸福当然也就越多。反过来说，一个教师获得正当的利己幸福越多，同样能促进他获得更多的利他幸福。这里涉及两种幸福的不同道德境界。利他幸福不依实现它的手段的不同而转移。不论手段如何，利他幸福都因其目的是为了他人而符合"无私利他"的道德最高原则，因而都是无私利他的幸福，就其道德境界来说，是最高的正当幸福。

三、过程幸福与结果幸福

一个人无论要获得什么幸福都不会一蹴而就，或长或短要经过一段时间的奋斗才能达到幸福的彼岸。依据幸福实现的这一特点，我们可以将教师职业幸福分为过程幸福和结果幸福两类。过程幸福是指教师在教育过程中，所体验到的快乐之和，学生每一次进步、意识到自己的职业理想正在实现等都会使教师产生过程幸福。结果幸福则是指教师在经过一定的努力而使学生获得了大的进步，自己的职业理想得以实现时的快乐体验，如学生毕业考上了理想的学校，自己晋升职称、获得了奖励等。当然，由于教师的劳动具有重复性、长期性和未来性，其过程幸福与结果幸福之间并没有明显的界线，常常是交织在一起的，并更多地体现为过程幸福。

一般说来，获得结果幸福比获得过程幸福难度大，使教师对结果幸福的体验比过程幸福强烈，但结果幸福常常是短暂的，之后又是过程幸福，如此循环往复，构成教师职业幸福的总体状态。相反，获得过程幸福比获得结果幸福难度小，使教师对过程幸福的体验比较微弱，但过程幸福却是多次连续的、漫长的。另一方面，追求幸福的过程大都曲折多难，虽多有成功的喜悦，但也不乏失败的痛苦，所以过程幸福是一种夹杂痛苦和失败的不纯的幸福。然而，过程幸福之后，都会使教师有更加充实奋发的体验，感到更加接近强烈巨大的结果幸福，都有新的幸福体验在呼唤。

另外，教师职业生活中的过程幸福与结果幸福不仅是交织在一起的，而且互为条件。结果幸福是过程幸福的条件，教师不追求结果幸福，他也享受不到过程幸福。另一方面，过程幸福也同样是结果幸福的存在条件，没有过程幸福，也不会有结果幸福。这是因为，即使教师只想享有过程幸福，而无意于结果幸福，他也必然走向结果幸福。相反，如果一个教师只想获得结果幸福，而不在乎过程是否幸福，他也必然会收获过程幸福。

四、创造性幸福与消费性幸福

依据创造性之有无，我们又可以把教师职业幸福分为创造性幸福与非创造性幸福两类。非创造性幸福又被称为消费性幸福，这里的消费性是指教师消费、使用别人的创造性成果，如教师在阅读他人的教育著作、参阅别人的教案、借鉴他人的教学方法过程中获得的幸福体验，便可称之为消费性幸福。教师面对的是复杂多样的学生个体，传授的是不断更新的知识，要消化理解不断涌现的教育学、心理学新成果，这些都需要教师不断地消费别人的创造性成果，尤其是对新手和处于成长过程中的教师来说。教师在学习、借鉴、模仿他人及其创造性成果过程中获得的消费性幸福是教师职业幸福的重要组成部分，伴随教师职业人生的始终。

许多人认为，教师的劳动具有重复性，天天如此，月月这样，没有创造性，何来创造性幸福？其实不然。每位教师都可能获得创造性幸福，每位教师也都应该追求创造性幸福，这是因为"创造力是人类潜在能力的又一表现，我们所有的人都有惊人的创造力"。同时，在教育过程中，每时每刻都有新的问题出现，都需要教师创造性地去解决，因此每位教师都具备创造的潜力和条件，都可能获得创造性幸福。另一方面，就创造性幸福和消费性幸福的价值而言，创造性幸福远远高于消费性幸福，因为消费性幸福随着消费而渐渐消失，不可留存，而创造性幸福则是可以永恒不朽的。如果一个教师热爱自己的职业，他一定会竭尽全力使其劳动过程和劳动成果都充满创造性，教师职业的伟大和幸福就寓于这种创造性劳动之中。

虽然从不同的维度出发，我们可以对教师职业幸福进行上述类型划分，但这些类型并非教师职业幸福类型的全部。需要说明的是，精神幸福、利他幸福、过程幸福与创造幸福在教师职业幸福中占据着更重要的位置，这是由教师职业的特殊性所决定的。

第三节　高校教师职业幸福感的特性与价值

一、高校教师职业幸福感的特性

（一）幸福的性质

1.幸福的主观性与客观性

就幸福的表层样态来说，它是快乐的心理体验，属于主观意识范畴，具有主观性。一个人只要他自己觉得幸福，那么不论在别人看来他是如何的不幸，他都是幸福的。反之，一个人只要自己觉得不幸，那么，不论在别人看来他是怎样的幸福，他都是不幸的，所以伊格内修·L. 斯戈茨说："断定'我是幸福的'不会错误，正如断定'我正在想'或'我头疼'不会错误一样。"而就幸福的本性来说，它又是客观的，具有不以人的意志为转移的客观本性。这是因为幸福是人的需要，但无论是人的物质需要，还是精神需要，都是一种客观存在。

同时，人的需要从提出到满足是一个客观过程，不是主观随意的。人们需要什么，取决于他的客观存在，是由他所处的历史时代、社会地位、周围环境，他的经历、自然素质和文化素质决定的。乞丐不会关心"一个针尖上能容纳几个天使"的争论，文盲也不会去争取诺贝尔文学奖。一种需要的提出和满足，必须经历一个将需要对象化和物化的过程，这个过程必然是实践的过程，实践的结果就是对象化的产物，是具有现实性的客观事物。从这个角度上来说，幸福具有客观性，幸福的动因、内容和满足的方式，是由现实规定的。换言之，幸福虽然是主观心理体验，却是一种对于需要、潜能是否得到满足的客观的、必然的、不以自己的意志为转移的心理体验，而并不是随心所欲的主观心理体验。虽然一个人只要自己觉得幸福，他就是幸福的，但他所享有的幸福的性质却完全是客观的，因为一切主观意识形态都是被它所反映的客观内容所决定的。

需要指出的是，虽然幸福的主观性是被动的、被决定的、次要的方面，客观性是其主动的、具有决定意义的、主要的方面，但主观性也有可能超越客观性而具有相对的独立性。

2.幸福的相对性与绝对性

既然幸福具有主观性，那么它必然会因主体的不同而不同。同样一件事、同样一种幸福，对某一主体是幸福，对于另一主体却可能不是幸福，甚至可能是不幸。这就是幸福的相对性。正是幸福的这种相对性，给人们研究幸福问题带来很大困惑。从质的方面看，幸福的相对性是指不同的人或者同一个人在不同时期所追求的幸福在质的方面是根本不同的。从量的方面看，幸福的相对性是指不同的人或者同一个人在不同时期所追求的幸福在量的方面是根本不同的。同样是得到了几万元钱，对于一个赤贫者来说是幸福，但是对于一个百万富翁来说，却是无足轻重的。幸福之所以具有相对性，是因为需要、欲望、目的的重要性与生存和发展的完满性都是相对的、因人而异的。那么，是否可以说幸福只具有相对性而不具有绝对性呢？不是。事实上，幸福既具有相对性又具有绝对性。绝对的幸福则是不依主体而转移的幸福，是对于任何主体都同样是幸福的幸福。还拿前面的那个例子来说，几万元钱的幸福是相对的幸福，但是物质幸福不但对于赤贫者而且对于百万富翁以至一切人都同样是一种幸福，是绝对的幸福。幸福之所以具有绝对性，是因为人的需要也和其他事物一样，有普遍性与特殊性之分。人的特殊需要是一部分人的需要，而人的普遍需要则是一切人的共同需要。特殊需要得到满足的幸福是仅为一些人所追求而另一些人不追求的幸福，是一些人能体验而另一些人却体验不到的幸福，所以特殊幸福是因主体不同而不同的，具有相对性。人的普遍需要得到满足的幸福是一切人共同追求的幸福，它不会因主体不同而不同，是对于任何主体都同样是幸福的幸福，具有绝对性。

在现实社会中，既存在相对的幸福，也存在绝对的幸福，那么二者的关系怎样呢？其实，相对的幸福与绝对的幸福是紧密相连的，绝对的幸福是一切相对的幸福之中那些共同的、普遍的、抽象的成分，任何绝对的幸福都存在于各种相对的幸福之中；与此同时，任何相对的幸福都包含着绝对的幸福。

3.幸福的层次性与发展性

幸福具有层次性，这在马斯洛的需要层次理论中可以得到印证。在马斯洛的需要层次理论中，"金字塔"式的需要层级排列是逐级递进的，较高层次需要的发展有赖于较低层次需要的满足。低层次需要得不到满足，更高层次的需要就不可能占优势，其中"自我实现"位于需要层级中最高位，只有"自我实现"需要的满足，才能使人产生一种高峰体验，即内在地体验到最大的充实感、欣慰感和幸福感。从较低层次向较高层次的发展，构成了幸福的一个基本特性。同时，马斯洛还认为，需要从低到高的发展，并非机械地逐级递进，而有着因人因时的差异性。在特殊情况下，即使低层次的需要没有被满足，高层次的需要也会存在。甚至当个体处在不安全的境况下，也可能会以自我实现的需要为目的。这样看来，幸福随着实践的发展而发展变化，是动态的，但仍然带有系统中的层次性结构特点。

幸福的层次性内在地蕴涵着幸福的发展性，这是因为人的需要不仅指向一定的客观对象，而且需要的满足必须通过社会实践活动来实现。人通过社会实践活动，创造客观的生活条件，而客观条件又通过实践活动规定着人的需要。如果说人的自我实现需要是最高层次的需要，那么这种需要也只能在社会实践中发展起来。创造性实践的需要作为目的本身，是人的需要的最高表现，也是人的幸福的最大满足。人的实践能力的每一步发展，都在不同程度上与幸福的丰富和发展相联系。在个体的人生过程中，需要的层次性始终联结着幸福的发展性。

4.幸福的和谐性与持久性

从现实生活的矛盾中去寻求和谐是我们走向幸福境界的一种积极进取的人生态度。幸福离不开生活中的和谐状态，和谐构成了幸福的又一特性。生活中的和谐不仅要求个体幸福与社会幸福的协调发展，而且贯穿在个体与自身、人类与整个世界以及人的物质生活与精神生活等诸多关系之中。

人是肉体与精神的统一体，物质生活与精神生活是人类社会生活的两大存在形式，也是幸福生活的必要条件。精神上和肉体上的需要同时得到满足是一个人幸福生活所不可缺少的条件。然而，生活的幸福不只是物质与精神需求的满足，也内在地要求物质生活与精神生活的协调发展。欧洲文艺复兴时期的人道主义者认为，理想的和谐就在于达到个人的肉体组织同精神世界的融合。人的生存与发展离不开必要的物质生活资料，物质生活是人从事社会活动的必要前提，一定的物质条件是幸福的基础，但物质资料本身并不是幸福的内容，只有当它与人的精神生活结合在一起的时候才成为幸福的物质基础，对社会才具有真正的价值。富足的物质生活如果同人的精神需求相分离，那就不会是幸福的。只有在物质生活与精神生活的辩证统一的发展过程中，人的幸福才能体现出来。

人的幸福除了体现为物质生活与精神生活的和谐之外，还体现在人与自身、人与自然等方面的和谐之中。其中，个体与其自身的内在和谐是构成主客体统一关系的一个特殊而重要的方面，也是幸福的重要因素。当然，个体自身的和谐不是由相同原因所产生的同一结果，不同的人生及人生中的不同时期，和谐的内容是不尽相同的。人与外部世界的和谐，除了社会生活关系之外，另一方面是人与自然的和谐。人与自然的和谐不在于摆脱自然的力量，而在于正确认识自然，运用自然规律，不断向自然去争得自由。人在改变外部世界的同时，也获得了自身的内在和谐，因为"当他通过这种运动作用于他身外的自然并改变自然时，也就同时改变他自身的自然"。

与快乐相比，幸福是持久的，而和谐的幸福则更加持久。"幸福的持久性使幸福有别于快乐，它剥夺了时间的破坏力，并修复了时间留下的裂痕：人类痛苦的终极原因是人类生命的短暂、死亡的逼近和随之而来的空虚的可怕。"人们在幸福之梦中想象出来的东西不受时间推移的影响，不受腐蚀力、破坏力和杀伤力的影响，但会受到自身生命时间的抑制，因为人的一生在永恒的世界中是那么的短暂，正如叔本华所言："伴随着时间的推移，一切事物都在我们手中变成了虚无，丧失了所有的真实价值。"基于这种情况，塞涅卡建议人们去追求两种东西：一是美德，二是智能。这两种东西传递了超级价值，是不朽的、高贵的、无敌和庄严的，是不会随时间而消失的，都永远生活在记忆之中，也是持久幸福之所在。

（二）高校教师幸福的特性

除了具有上述共性特征之外，高校教师职业幸福还具有以下个性特征。

1.教育性

费尔巴哈说："幸福必须是生活的，生活必须是幸福的。生活和幸福原本就是一个东西。一切的追求，至少一切健全的追求都是对于幸福的追求。"教师应该追求职业幸福，教师的职业生活也理应是幸福的。同时，从根本上说，教育就是培养人们感受幸福、追求幸福、创造幸福的能力。教育通过使受教育者人格的提升和完善，通过道德和理智的实践使学生体验到精神上的幸福，但使学生获得幸福的教育也必须是幸福的教育，这种幸福的教育就是自由的教育，激发人的创造性的教育。换言之，教育之于幸福不是外借于它，而是教育本身的应有之意，幸福的教育离不开教师职业幸福，教师的职业幸福具有教育性。

教师职业幸福的直接结果是学生学习生活的幸福和健康成长。在教育过程中，教师不但授业、解惑，充当知识传播者的角色，而且其本身也是教育内容，这是因为教师是学生学习的榜样，学生的言行常常模仿其所崇拜的榜样人物而渐成习惯。不管教师意识到与否，教师都有成为学生模仿对象的最大可能性。在学生成长的过程中，这种潜移默化的影响有时胜过显性的教育活动，这已被众多的研究所证明。教师在职业生活中所表现出的幸福，对生活的乐观态度，对学生的无私关爱，对学生具有教育作用，在学生幸福成长中有举足轻重的作用。

2.整体性

教育过程不同于物质生产过程，它具有整体性。教育过程的整体性决定了教师职业幸福的整体性，表现在以下几个方面。

一是教师职业幸福本身是整体的，是教师职业生活的整体生存状态，而不是教师的即时感受，也不是教师职业生活的个别偏好。同时，教师职业幸福是教师整体素质的综合外显，是教师的业务能力、人格特征等因素的联结。实际上，教师必须尽力做一个"完人"，这样其职业幸福才是可能和久远的。

二是教师职业幸福对学生个体的影响是整体的，它不仅影响学生的学习态度和状态，而且也会影响学生的生活态度和人生价值观；不仅影响学生在校期间的学习生活，而且也会影响学生未来的生活。

三是教师职业幸福影响的是全体学生，而不是仅对个别学生产生影响。

四是教师职业幸福是集体幸福与个体幸福的统一，既具有一般幸福所具有的个体性，更具有整体性，这是由教师劳动的集体性决定的。在教师的职业生活中，存在着诸多关系，如教师个体与学生个体之间的关系、教师个体与教师集体之间的关系、教师个体与学生集体之间的关系、教师集体与学生集体之间的关系、教师与家长之间的关系、教师与领导之间的关系等。处理好这些关系，形成合力是教师职业幸福的应含内容，也是教师职业幸福的必要条件，因此教师职业幸福建立在超越个人打算或个体利益计较的基础之上，在境界上具有相对崇高的特征。

3.精神性

虽然教师职业幸福也以一定的人之生存所必需的物质条件为基础，但鲜明的精神性是其与其他幸福的显著不同之处。

首先，教师职业幸福的精神性表现在劳动过程的精神性。教师的职业劳动过程不是物质资料的生产过程，也不是直接创造知识的过程，而是传递知识、培育人才的过程。在这一过程中，教师的人格魅力、学识修养、道德情操，都会对学生产生他人无法比拟的感染和熏陶，在学生的肌体上留下深深的精神烙印，在学生未来发展中产生久远的冲击力。这种师生之间在知识学习和道德人生上的精神融通和情感交流是在其他职业中所难以得到的享受。

其次，教师职业幸福的精神性还表现在劳动结果的精神性。教师劳动的结果不是有形的产品，而是学生知识的获得，精神境界的提升，人生价值观的生成与践行，对社会做出的贡献等。虽然教师劳动的结果不能直接给人带来感官上的享受，也不能直接产生经济效益，但却是人类社会进步不可或缺的支持性条件，是人类的最大财富。

再次，教师职业幸福的精神性还表现在劳动报酬的精神性。以色列人认为，在发生灾难时如果只能带走一样东西，这件东西不是金银珠宝，而是书本；如果只能救一个人，这个人不是自己的亲人，而是自己的老师。以色列人之所以在思想、科学、商业等领域做出了卓越贡献，以色列民族之所以历经磨难而屹立于世界，其奥秘也许就在于他们对教育重要性的认识和对教师的极大尊重。从世界范围来看，除了对教师劳动的普遍尊重之外，一般都有对教师人格和尊严保护的严格规定，如我国在《中华人民共和国教育法》中就明确规定："教育是社会主义现代化建设的基础，国家保障教育事业优先发展。全社会应当关心和支持教育事业的发展。全社会应当尊重教师。"由于教师及其劳动的崇高地位，决定着教师有可能在这一特殊的尊重中体会自己的幸福，使教师的劳动报酬具有精神性，也使教师职业幸福是一种精神性幸福，而不是物质占有式的幸福。当然，我们并不是反对提高教师的生活待遇，不是用精神幸福来消解教师的物质幸福，也不是说教师只有苦而没有乐，而是说教师的劳动报酬实际上不止于'物质。教师要充分认识到这一点，去创造和体验自己的职业幸福。

4.无限性

教师职业幸福具有效果上的无限性，表现在时间和空间两个维度。

从时间上来看，教师职业幸福是无限的。教师对学生在人格与课业上的影响具有终生性质。通过学生，教师的劳动与生生不息的人类文明联系在一起，因此教师所收获的幸福也是超越时间限制的。一个教师即使退休了，或者停止了教师职业生涯，丝毫不妨碍其学生对他的永远的尊敬，也不影响他本人对所从事过的这一事业的劳动成果的美好回忆。

从空间上来看，由于教师的劳动产品与社会网络联系起来，教师的劳动效果就远不会局限于某一个校园之内，具有空间上的无限性。一代一代的伟人、一代一代的普通劳动者都是由于教师的劳动而对世界的进步做出伟大贡献的，教师因而可以通过自己的劳动对整个世界的影响来理解工作的意义，体会自己的成功。

5.给予性

个人幸福的实现不是孤立的个人活动，总是在一定的社会关系中才能实现的。个人幸福是相对于社会幸福而言的，个人幸福在实现过程中促进了社会幸福的发展，同时社会的普遍幸福为个人幸福的成功获得提供支持，因此幸福具有一定的为我性和为他性，是两者的辩证统一。与医生、律师和工程师职业相比，教师职业具有更强的利他性。教师职业的利他性是比专业知识更重要、更基本的专业特征。教师职业更像是牧师职业，是一种天职，如杜威所说的"天国引路人"、"上帝代言人"。教师职业幸福不是"占有式"的，不在于财富的占有，而是体现在"奉献"上，具有鲜明的给予性。首先，教师的使命是给予而非索取。这只要对比一下一般的"师生"关系与"师徒"关系在性质上的区别即可。前者希望倾其所有、无条件地教育学生。作为人梯，所有的教师都希望自己的学生有卓越的表现（最好能够超过自己）。而无论是教授武功的师傅，还是手工艺方面的师傅，总是要在教授一些内容的同时，保留一些绝活的秘密，非嫡亲者不予传授。其次，教师只有进行了富于热情和智能的给予才能从自己的教育对象身上看到自己的劳动成果，进而实现精神享用——体验幸福。

给予是幸福的最高境界。自私者不是过分自爱，而是爱得太少，痛苦会不可避免地接踵而来。当然，这种给予不是指教师要放弃自己生活中有价值的享受，也不能仅仅理解为物质上的施舍，"真正的给予是面向时代和人民，面向世界和未来的，是人的生机勃勃的创造精神与创造能力的发展"。

6.劳动性

劳动是成功和幸福之本，是人之为人的一种本质属性，或者说是人类特有的一种本能。正是这种充满生机和活力的本能推动人们不断地创造，从而推动各个民族不断向前发展。教师职业幸福蕴涵在劳动之中，劳动是职业幸福的依托。换言之，要享受职业幸福，教师就必须从事教育教学活动，也正是在教育教学过程中，教师才有可能体验到职业幸福。

真正的幸福决不会光顾那些精神麻木、四体不勤的教师，教师职业幸福只存在辛勤的劳动和晶莹的汗水中。也许有的教师会说，工作太累了，真想喝喝茶、打打牌，休闲一下，但休闲必须与辛苦的工作紧紧连接在一起才有价值。一个不愿意劳动和付出的教师，不管他多么和蔼可亲，不管他是一个多么好的人，不管他的名声多么响亮，他是不可能得到真正的幸福。生活就是劳动，劳动就是生活，一旦脱离了劳动，教师也就远离了职业幸福。

二、高校教师职业幸福感的价值

从教师自身的生存与发展的角度来说，教师职业幸福具有人生价值，教师的职业人生理应是幸福的。从社会分工和教师职业的特点来看，教师职业幸福具有教育价值，它关涉到学生的幸福与教育的发展。从教育的普及化和终身学习的时代背景以及教育在社会发展中的重要地位来看，教师职业幸福具有社会价值，它与社会的和谐、文明与进步及其整体幸福密切相连。

（一）高校教师职业幸福的人生价值

人生是活动的过程，而活动都是有目的的。人的一切行为的目的，都是追求快乐或能够带来快乐的东西。一方面，当各种快乐发生冲突时，我们应该追求目的善的快乐，最终则应该追求至善的快乐，也就是应该追求幸福，而牺牲违背幸福的快乐。另一方面，当各种快乐不发生冲突时，我们就应该追求所有的快乐，因为在这种情况下对于任何快乐的追求，都是对于快乐的增进和积累，都能使快乐由少变多、由小变大、由短暂变持久，因而也就都是在接近和追求幸福。

我们为什么热爱生活而终日忙忙碌碌？为什么不自杀？这是精神医学大师弗兰克在他所创造的"意义治疗法"中，向人们提出的最基本的问题。我们可能回答自己还有未完成的事业，还有父母要赡养，还有儿女要养育抑或不想舍弃财产，不愿抛下亲人，不忍带走美好回忆等等。从根本上说，所有这些回答都是因为我们还觉得生活有意义、值得过，归根结底是因为我们所享有的快乐和幸福多于所遭受的痛苦和不幸。相反，如果我们的痛苦和不幸多于快乐和幸福，我们就不会觉得生活有意义并且值得过了。如果一个人每日备受精神和肉体的折磨，并且觉得永无出头之日，那么他还会觉得生活有意义、还会愿意再生活下去吗？所以，一个人的人生苦乐之差额是否为快乐和幸福，是他觉得他的人生是否有意义从而是否愿意活下去的最终原因。总之，幸福是人生的终极价值、终极意义，而这个人生价值和意义的有无是每个人是否愿意生活下去的终极原因。

既然幸福是人生的目的，是人生的终极价值，那么教师的职业人生理应是幸福的，追求职业幸福、获得职业幸福、享有职业的尊严与幸福是不可剥夺的教师权利，也是教师职业人生价值之所在。可以说，"大多数教师都有着真诚的教育情感，因而发自内心地热爱孩子、热爱自己的职业；但作为一项事业，教育仅仅有感情是不够的，至少是不完美的。我们不能仅仅向学生奉献心血、青春乃至毕生的年华，不能仅仅因学生的成长和成功而喜悦，我们还应该在教育学生的同时，提升自己的事业境界和人生品位；在学生成长和成功的同时，我们自己也应该不断成长并走向成功，从中体验到人生的快乐，为自己的生命喝彩。从这个意义上说，教育不应该只是一个奉献的岗位，也应该是一个获取的职业；教师不是一支默默流泪的蜡烛，而是一轮灿烂耀眼的太阳！"人类社会不断进步的重要标志之一应当是越来越多的人获得越来越多的幸福。故此，对于教师职业幸福，我们同样不可忽视。我们过去曾经片面强调幸福的实现条件，诸如社会、历史条件以及教师个人幸福的社会幸福前提等，其结果是教师个人幸福本身不见了。这是值得我们深思和汲取的教训之一。

随着生产力水平的提高，社会的不断进步，特别是到了人的物质需要得到一定满足的历史阶段，精神需要将成为人们追求的主要目标。当前，我们对教师的精神需要关注不够，产生的问题是教师的物质待遇和以前相比已在不断提高，但教师的精神压力却越来越大，教师并没有在物质需要得到一定满足的同时产生精神的愉悦和职业的尊严。

在教育现实世界中，忽视教师精神需要和职业幸福的现象比比皆是，如我们更多地关注的是教师教书育人的能力，教师的职业道德、知识、技能、素质等，习惯于对教师提出这样或那样的要求，使教师职业变成了规约性最突出的职业，致使有的一线教师很无奈地说："教育研究的成果越多，我们的紧箍咒语越多！"当然，这些研究是必要的，也是永无止境的，但是我们不能忽视理论向实践转化的"中介环节"，更不能忽视教师的现实处境与精神需要。如果关于教师的研究成果找不到合适的着陆点，不能与教师的知识结构与精神需求相契合，那么这样的成果命运很可能就是昙花一现或空中的浮云，而不能内化到教师的内心，更无法变成教师的行动。从这个意义上讲，关注教师的现实处境与精神需要是教师教育研究的出发点和基本前提。换言之，我们研究教师，不能仅仅从社会规约出发，还应该从教师自身的需要出发，这是一个问题的两个方面，理应相辅相成，而不能偏执一方。但遗憾的是，我们关注前者较多，而对后者重视不够。

（二）高校教师职业幸福的教育价值

为了学生的发展，我们在课程标准和教材中，规定了给予学生的各种各样的知识，但却没有规定给予学生最重要的东西，这就是幸福。理想的教育应该是培养真正的人，让每一个教师培养出来的人都能幸福地度过一生，这应该是教育追求的恒久性和终极性的价值。如果说教育是为了人的幸福，那么"教育的幸福应该既包括学生的幸福，也包括教师的幸福，这两者是相互联系的。其中教师又要起主导作用，他要对教育的幸福负主要的责任"。

教育是为了学生的发展，学生的发展是一个过程。我们不能把这一过程变成痛苦的过程，而应让学生幸福地成长，那么学生的幸福成长与教师职业幸福有着密切的关系，教师幸福是学生幸福的前提条件之一。从这个角度来讲，教师职业幸福不仅仅是教师自身的问题，它关涉到学生的全面成长，具有教育价值，与教育事业和社会发展密切相关。

关注教师自身的幸福问题，研究教师职业幸福，这不是教师职业幸福问题的全部。探讨教师职业幸福对学生的影响，进而促进学生全面健康发展，是教师职业幸福的自然延伸。从一定意义上讲，教育法规、教师职业道德、学校的规章制度等对教师的外在规约，其最终目的和终极价值也是在于保障和促进学生的幸福成长，但应当引起我们重视的是：这些外在规约要内化到教师头脑中，体现为教师外在的行为才具有实效。教师遵守规约从事教育活动时，可能是被动地无奈应付，也可能是心甘情愿地幸福地进行。后一种境界显然应该是我们所追求的，这不仅是教师自身幸福生活的需要，也是学生幸福生活的必要前提，正如亚当·斯密所说："对自己幸福的关心，要求我们具有谨慎的美德；对别人幸福的关心，要求我们具有正义和仁慈的美德。前一种美德约束我们以免受到伤害；后一种美德敦促我们促进他人的幸福。"

教师只有摆脱了职业感的束缚，不把教育当成谋生的手段，而是出乎自己的需要，像孟子那样以得天下英才而教育之为乐，那么他才能在教的活动中自由地、有创造性地发挥自己的全部才能和力量。只有教学双方在互动之中都抛弃一切世俗的、外在的各种顾忌，沉浸在艺术的创造过程之中，才能达到"孔颜乐处"的境界。

（三）高校教师职业幸福的社会价值

在人类历史上，社会整体与个体是互为条件而存在和发展的。人的劳动、语言、思维等特征都是在社会中产生的，人的物质和精神生产活动是在社会中进行的，人认识和改造自然活动的基础也是人类社会，正如爱因斯坦所说："我们应当承认，我们胜过野兽的主要优点在于我们生活在人类社会之中。一个人如果生下来就离群独居，那么他的思想和情感中所保留的原始性和兽性会达到我们难以想象的程度。"

　　人与社会的相互依存与发展关系说明，人的幸福与社会幸福是统一的，个人的幸福与他人的、众人的幸福是不可分离的。人的幸福是在分享中升值、在给予中升华的，犹如细胞在人体中增殖一样，个人幸福不能没有它所必需的社会条件。假如自己的幸福不能与他人分享，那么这种生活会变得毫无乐趣，也算不上是幸福的。关于这一点，卢梭说得更透彻、更明白，他说："排除他人而独享乐趣，反而会使乐趣化为乌有。只有同他人分享的快乐，才是真正的快乐；要想一个人乐，是乐不起来的。如果我在花园周围修建的墙使它变成一块凄凉的禁地，那么花了很多的钱反而使自己失去了散步的乐趣，使我不得不到远处去散步。"只有为增进社会整体的幸福而拓展自己的生命活动，个体才能趋向身心的完美和幸福。

　　幸福的社会性在教师身上表现得更为明显，体现为教师职业幸福的社会价值。前面我们已经提到，教师职业幸福具有给予性，教师无私地给予学生知识，无私地对学生进行教育，在学生的全面发展和幸福成长中发挥着无以替代的作用。学生来自家庭，而家庭又是社会的细胞。从这个角度来讲，教师职业幸福促进学生的幸福，学生的幸福带动家庭的幸福，而家庭的幸福又可以促进社会的整体幸福。同时，教育是传承文明的主要渠道，为社会发展提供人力保障，事关社会的文明、和谐与进步，而教师又是教育事业发展的核心力量，其职业幸福的社会价值不言而喻。

　　需要指出的是，教师职业幸福的人生价值、教育价值和社会价值是一个统一的整体。我们既不能将教师职业幸福的个体人生价值当作其唯一的价值，也不能只是强调其教育价值和社会价值，牺牲教师的个人幸福，而应充分考虑到这三个方面的整体性，使其达到平衡与和谐。

第三章　高校教师职业幸福感的来源

与影响因素分析

第一节　高校教师职业幸福感的主要来源

幸福的形式是主观的，是一种主观的心理体验，而幸福的内容是客观的，其客观内容是需要的满足和期望的达成。由此，职业幸福感的来源可以理解为个体在从事某一职业的过程中，与职业有关的需要的满足和期望的达成。从高校教师职业幸福感概念的内涵出发，职业满意感、职业成就感和内心满足感是构成高校教师职业幸福感的三个维度，因此，拥有对职业的满意、取得职业成就和内心得到某种程度的满足是高校教师职业幸福感的主要来源。具体而言，当前我国高校教师职业幸福感主要来源于以下几个方面。

一、对教育事业的热爱

对教育是否热爱以及热爱的程度是衡量一个高校教师是否具有事业心以及事业心大小的重要尺度。有了对教育事业的热爱，就会有对教育执着追求和乐此不疲的精神，就容易体验到办学育人的幸福，焕发生命的活力，体现自己的人生价值。因为热爱教育，教育事业就在高校教师的眼中展现了无尽的魅力。

高校教师对自己这份职业的热爱，是架起和学生心灵沟通的桥梁，是办学成功的基石。只有热爱这份职业，才能乐于奉献、全身心投入工作中，才能从工作中感受点点滴滴的快乐和幸福，即便是遇到不快，也很容易自行化解。

二、对从事这份职业收益的满意

满意是指意愿得到满足，是对期望获得的收益和实际获得的收益之间对比之后的积极心理体验，包括对职业的总体满意和具体领域的满意，它是由外部工作因素和内部工作因素组成的一个多维结构。就高校教师而言，在从事高校教师这份职业中，都会期望从中获得一些特定的价值和收益，对这些价值和收益的满意在一定程度上也是幸福感的来源，主要包括高校教师个人的福利待遇、工资水平、收入水平等方面的物质满意和管理、培训提升、社会地位、对职业的总体规划以及职业本身带来的意义的满意，对前者称之为物质收益，后者称之为非物质收益。依据赫茨伯格的双因素理论，笔者认为物质的满意是职业幸福感的保健因素，非物质的满意是职业幸福感的激励因素，两者相辅相成，共同促进和提升高校教师职业幸福感。

三、取得职业成就

职业成就的取得，产生职业成就感。职业成就感是指高校教师个性化履行岗位职责而产生的积极心理体验。成就感的产生，除了"成功做到"之外，还是"个性化的"，即该成就是高校教师通过个体自身主观努力获得的，具有高校教师本人的烙印。当然，时代在不断变化，人们对教育的观念也在不断更新。以前，家长和社会更为关心的是分数、考试成绩，而今，相当多的家长更关心的是孩子身心的健康成长。然而，不论标准是什么，如果高校教师个人成功做到了，就能获得成就感。因此，在这个意义上，笔者将职业成就感视作职业幸福感的重要来源。幸福是一种主观感受，但是当工作取得看得见的实实在在的成就时，就是幸福。学校取得了重大的突破、成就，这个突破和成就既可以是有形的也可以是无形的，学生和自己取得有形的和无形的成果的时候肯定会有一种幸福感的。

具体而言，高校教师的职业成就感又产生于以下几个方面。

（一）学生的成长和发展

学生的成长和发展是学校教育的出发点和归宿，一切为了学生，为了学生的一切，为了一切学生，是教育的宗旨，也是每一个校长的追求。学生方面的成功包括学业上的成功和学业之外的成功。

（二）赢得社会支持

社会支持是指个体处于危机情境时，得到的来自不同群体的帮助和关心。从来源上讲，有家庭支持、朋友支持和其他支持。社会支持的缓冲效益模型认为，良好的社会支持可以调节和减缓压力对个体的消极影响。高校教师的社会支持包括来自上级行政部门和教育行政领导部门人、财、物、政策等的支持；所在社区的支持，家长的支持；一些学校还有周边和隶属高校的支持；家庭的支持和朋友的支持。支持类型有物质支持和精神支持。良好的社会支持不仅可以减缓心理压力，还能在一定程度上增进幸福感。当面临相同工作任务和压力时，高社会支持的高校教师能够获得更多的信息、物质和精神支持，从而避免焦虑、不安全感等负面情绪，使得问题得到更好解决，收获内心的踏实和对未来的信心；低社会支持的高校教师孤立无助，负面情绪难以宣泄和释放，容易产生各种心理障碍和问题。

（三）中学校长的个人成就

校长的个人成就指与校长职业有关的个人荣誉。校长的知名度、获奖情况、教育科研成果、校长的威信、师生和家长对校长的接受程度、学术水平在同类学校或同一学科的影响力等，这都是增进幸福感的重要内容。当然，校长个人成就往往和办学成就、专业成就交织在一起，两者相辅相成、相互促进。

四、他人的认同

认同是一个复合词，其意义是由"认"和"同"复合而成。"认"主要有三种含义：一是认识、辨明；二是认为、当作；三是承认。"同"在现代汉语的含义主要有：一是相同、一样；二是跟……相同；三是共同、一起。"认同"在现代汉语中有三种含义：一是认为跟自己有共同之处；二是承认、认可；三是赞同、同意的意思。"认同"的英文是 identity，这一英文单词的含义主要有以下几种：一是使等同于、认为……一致；二是同一性、一致；三是身份、本体、个性、特性。认同是动态的、自然发生的集体行为。借助这些理解，本研究认为，认同是认可和赞同的意思。高校教师的认同包括他人认同和自我认同，他人认同又包括社会认同、家长认同、政府认同、教师认同和学生认同。此处着重讨论他人认同。认同感是提升幸福感的内在心理因素。一个有认同感的高校教师更容易产生内在的发展动力，他会将个人的全部力量调动起来投入到教学中去，更容易感受到工作带给自己的满意感、成就感和满足感。反之，缺少认同感的高校教师，会对工作之外的东西比较看重，容易产生浮躁心理、不平衡心理，久而久之，产生身心疲惫和职业倦怠，失去对工作的信心和生活的热情，也就没有成就感可言，也就远离了幸福感。来自学生和家长的信任是认同的深化，也是一种幸福。

五、内心的满足感

"行为必然创造价值，满足社会需要创造的价值是外在价值，满足主体需要创造的价值是内在价值。仅限于外在价值，或以外在价值为根据来评价主体，就有了高尚、伟大、奉献等说法，而如果换个视角，研究内在价值，或以内在价值为根据来审视主体，就有了主体体验中的充实、收获和幸福等。"内心满足感就是这样一种充实、收获和幸福。内心的满足感是指高校教师个人的信念、价值、理想和他所重视、努力的愿景得到实现时的愉悦心理体验，与职业成就感不同之处在于，一是内心满足感来源于个体对自身的认同和肯定，而本文所定义的职业成就感则是个体所做的具体工作、所付出的努力和取得的成就得到他人的认同和肯定。二是内心满足感更多的是来自无形的成就，而本文所定义的职业成就感更多地表现在有形的方面。内心的满足感是幸福的最高境界，一个人只有在内心的满足中，才能发挥出最大的、最持久的潜能。

幸福感是外界认同和自我认同的统一，是外在关系和谐和内在心灵宁静的统一。古希腊哲学家伊壁鸠鲁认为，幸福就是"身体无疾病和灵魂的无纷扰"。当代英国哲学家罗素也说，幸福生活在很大程度上，必定是一种宁静安逸的生活，因为只有在宁静的气氛中，真正的快乐幸福才能得以存在。中国现代新儒学的代表人物之一梁溯溟也有类似的看法，他说，外面安全，固然是幸福，自家心境坦然，乃是更大的幸福。作为最高境界的幸福，内心的满足表现为自我认同和个人价值的充分发挥，达到自我实现。

（一）自我认同

英国的安东尼·吉登斯（Anthony Giggens）认为，自我认同是指个体依据个人的经历所反思性地理解到的自我，是个体通过向内用力，通过内在参照系统而形成了自我反思性，人们由此形成了自我认同的过程。和其他职业中的个体一样，中学校长是有着清醒自我意识和角色的自我存在，英国教育家贝耐特认为，唯一真正的教育家是教了自己的人，即认识你自己，这包括对自己和对所从事的职业两个方面的认同与了解。高校教师自我认同，可以理解为依据其职业活动所形成的反思性自我，是高校教师个体生活世界和意义世界的统一。从内容上看，包括高校教师对自我工作能力、成绩的肯定等个体自我的认同，以及对高校教师这份职业本身的认同。对个体自我的认同是指高校教师对自己在从事校长这份职业中所开展的活动、所做的各项工作和自己存在意义的肯定。高校教师的职业认同是指高校教师对所从事的职业在内心里对它的意义和价值的认定，并能从中体验到乐趣，认为工作不仅是谋生的手段，也是发挥个人价值的场所，满足个人自我价值实现的需要。

高校教师的自我认同从一定的意义而言具有两方面的功能：一是自我认同能够激发其不断发展的动力。高校教师个体对自己的职业价值、身份、角色等方面的合理认同，能够促进反思其职业的应然状态，从而激发其不断发展和开拓的动力。二是自我认同更多地体现了中学校长自我反思性的内在特征和办学过程中理性与非理性的价值诉求，要求高校教师对其经验进行反思和构建，并形成一定的体系，这对高校教师而言是一个有意义的自我反思和建构，促进自己更加完善。如果高校教师对这份职业本身、作为个体的自我、校长的需要和动机、心理状态等缺乏认同和了解，那他是不会有积极、主动、愉悦的心态投入到这项事业，化解各种压力和矛盾，并从心里爱上这一职业，甚至在思想上进一步升华，把当校长当作一种幸福和崇高的事业的。

（二）自我实现

按照马斯洛的需要层次理论，自我实现是人的最高层次需要。人的自我需要与自我发展可能性相适应而达到自我的和谐，能够增进幸福感。高校教师的自我实现需要显得更加强烈，他们迫切需要不断完善素质结构，提升教学水平，最大限度地发挥自身价值，追求自我实现。

世俗境界的幸福是有边界的，到了一定程度它的边际效应递减，而心灵和精神境界的幸福是可以不断拓展和超越的。就需要层次及其满足而言，个人价值的体现、自我实现等是最高层次需要的满足。最高层次需要的满足、精神性需要的满足是幸福感的不竭源泉。

第二节　高校教师职业幸福感的主要影响因素

教师职业幸福的状态与性别、学历、地域等因素没有明显的关联性，与年龄、教龄、职称、职务、收入等因素有较为明显的关联性。一般来说，年龄大、教龄长、职称高、在学校担任行政职务、收入相对较高的教师的职业幸福状况好于年龄小、教龄短、职称低、没有担任行政职务、收入相对较低的教师。

学生的拥戴、同事的认可、领导的欣赏、自身的专业成长、工作稳定、薪酬有保障是教师职业幸福的主要来源。人际关系不和谐，不适合从事教师工作，不热爱教师工作，缺乏安全感和稳定感，身体不好，学生成绩排名与升学压力，没有成就感，对管理与制度不满意，个人发展机会有限，社会地位低，学生难教、难管理，工作烦琐机械、压力大、收入低，家长的不理解，上级部门的检查太多，社会对教师职业的误解和偏见等是教师在职业生活中感到不幸福的主要原因。对教师在职业生活中感到幸福或不幸福的原因进行归类和概括，我们可以将影响教师职业幸福的因素剖析为两类，一类是教师自身的原因，主要是教师的职业理想与兴趣、教师的职业道德与观念、教师的职业能力与作为等；另一类是教师的生存环境，主要是教师的经济收入、教师所在的社会和文化环境、教师专业成长的支持条件、教师的身体健康状况、工作之外的生活质量等。

第四章　高校教师职业幸福感的实现路径

第一节　教师职业幸福以自己身心健康为基础

高校教师自身的"健"指高校教师健康的体魄。高校教师健康的体魄既包括高校教师健康的身体，又包括高校教师健康的心理。高校教师自身健康的体魄是高校教师享有职业幸福的必要条件。高校教师只有在具备了健康的体魄的条件下，才可能享有其职业幸福；高校教师没有健康的身体、不具备健康的心理，不可能享有职业幸福。世纪智者罗素的一段话很能够说明个体身体健康与自身幸福之间的关系，他说："一个由具有活力、勇气、敏感和智慧的人们组成的人类共同体，只能靠与迄今为止的任何教育迥然不同的最高度完满的教育来创造。在这个人类共同体中，几乎人人是幸福的。导致人们现在不幸的主要原因是：失去健康、贫困……人们普遍身体健康，甚至老年也可以推迟到来。"一个幸福的人富有活力、勇气、敏感和智慧，幸福的人的这些特征都以身体健康为前提，一个人如果没有健康的身体，则不会富有活力、勇气、敏感和智慧。罗素甚至讲明了：一个人失去健康就失去了幸福。

一、健康的身体是高校教师享有职业幸福的必要条件

1.关于主体的健康与主体的幸福之间的关系，马克思有很好的教诲

马克思说："我们的体质常常威胁我们，可是任何人也不敢藐视它的权利。诚然，我们能够超越体质的限制，但这么一来，我们也就垮得更快；在这种情况下，我们就是冒险把大厦建筑在松软的废墟上，我们的一生也就变成一场精神原则和肉体原则之间的不幸的斗争。但是，一个不能克服自身相互斗争的因素的人，又怎能抗拒生活的猛烈冲击，怎能安静地从事活动呢？然而只有从安静中才能产生出伟大壮丽的事业，安静是唯一生长出成熟果实的土壤。尽管我们由于体质不适合我们的职业，不能持久地工作，而且工作起来也很少乐趣，但是，为了恪尽职守而牺牲自己幸福的思想激励着我们不顾体弱去努力工作。如果我们选择了力不胜任的职业，那么我们决不能把它做好，我们很快就会自愧无能，并对自己说，我们是无用的人，是不能完成自己使命的社会成员。由此产生的必然结果就是妄自菲薄。还有比这更痛苦的感情吗？还有比这更难于靠外界的赐予来补偿的感情吗？妄自菲薄是一条毒蛇，它永远吞噬着我们的心灵，吮吸着其中滋润生命的血液，注入厌世和绝望的毒液。"关于主体健康与主体幸福之间的关系，马克思告诫人们，任何人都不可以轻视自己体质的威胁，如果人们超越体质的限制从事某一职业，就类似于冒险把大厦建筑在松软的废墟上，他们就不能持久地工作，也不能享有该职业给自己带来的乐趣；如果人们为了恪尽职守而不顾体弱去努力工作，则他们不能做好该工作，只会产生自愧无能、妄自菲薄、厌世绝望的感觉，从而牺牲自己职业幸福。

马克思关于主体健康与主体幸福之间的关系原理可以用于分析高校教师健康与高校教师职业幸福的关系，高校教师不可以轻视自己体质的威胁，如果高校教师超越体质的限制从事教育事业，也类似于冒险把大厦建筑在松软的废墟上，他们就不能持久地工作，也不能享有该事业给自己带来的乐趣；如果高校教师为了恪尽职守而不顾体弱去努力工作，从长远看，他们也不能做好该工作，也会产生自愧无能、妄自菲薄、厌世绝望的感觉，从而牺牲自己职业幸福。许多高校教师随着年岁的增长而慢慢暗淡下去，一个重要的原因就是高校教师随着年岁的增长，疾患增加，体质下降，在工作量不相应减少的情况下，高校教师往往身心疲惫、幸福感下降。

2.身体健康状况制约高校教师的职业幸福状况

在本研究的问卷调查中，8位高校教师提出，"给高校教师带来幸福的首要因素"是高校教师具有健康的身体或身心和谐；15位高校教师（占141位被调查高校教师的10.6%）认为，导致高校教师不幸福的首要因素是家庭成员的健康状况不佳等。

本研究的问卷调查还发现，141位高校教师对自己健康的担心同其总体幸福感指数之间的相关性达到0.682（n=141，**p<0.01），呈显著相关关系；141位高校教师精力的充足状况同其总体幸福感指数之间的相关性达到0.827（n=141，**p<0.01），也呈显著相关关系。一位高校教师，如果没有健康的身体则不会有充沛的精力，就会产生焦虑、忧愁、烦恼、抑郁等不良情绪，就会降低其学生的心理健康水平，就会影响其教育教学效率，从而降低其职业满意感、减少其职业积极感、增加其职业消极感，就会减少职业幸福感甚至不能享有职业幸福。这其中的道理就如，假设高校教师的健康为1，而其金钱、名誉、权力等为0，那么高校教师是否拥有职业幸福以及职业幸福的多寡就看1是在0的前面还是后面：若1在0的前面，那么该高校教师拥有职业幸福，其职业幸福是10、100、1000等，反之，若1在0的后面，那么该高校教师不拥有职业幸福。

3.职业特点导致高校教师易患多种职业疾病

目前，65%以上的高校教师患有一种或一种以上"职业病"：在高校教师患的"职业病"中，腰背痛、咽炎、颈椎病、痔疮和胃炎或胃溃疡是排在前5位的疾病。显然，高校教师的身心健康将影响其工作，更影响其职业幸福感。身体健康是干好工作的保证，是实现职业理想的基础，是增强高校教师职业幸福感的关键。

二、健康的心理也是高校教师享有职业幸福的必要条件

世界卫生组织说，20世纪是传染病的世纪，21世纪则是精神病的世纪。许多人因为心理疾病而英年早逝，更多的人则因为心理障碍而远离了幸福。

目前，我国的教师，是职业倦怠的高发群体之一，这几乎已成定论，相关报道比比皆是。许多人从教师心理健康的角度对此进行了富有成效的探讨：

高峰、袁军（1995 年）对上海市高校教师的心理健康状况做了调查研究，该研究发现：教师最主要的心理健康问题是躯体化、强迫症状、焦虑和恐怖；郊区教师的心理健康状况明显不如市区的教师；女教师的心理健康问题远比男教师严重；老年教师在躯体化、强迫症状、焦虑和其他（饮食和睡眠）心理健康问题方面比学青年教师严重；青年教师在人际关系敏感、敌对、偏执和精神病方面比老年教师严重；中年教师的心理健康问题居中；语文、数学、外语教师的心理健康问题比音乐、美术、体育教师严重，外语教师的心理健康问题最严重，体育教师的心理健康问题相对而言最轻；班主任教师的躯体化问题比非班主任教师严重。教师的心理健康问题如此严重的原因是：社会对教师的期望值偏高，教师的工作任务繁重，长年劳累，体质每况愈下，加上教师普遍责任心较强，很注意自己在学生中的形象，为此过分追求自己人格的完善，过分限制自己，过约束自己，关心各种细节，常有自我责备、自我谴责的倾向。贾林祥、宋广文（1999 年）对 320 名教师的心理健康状况做了调查研究，该研究发现：女教师的心理健康水平相对比男教师差；教师的心理健康水平有随着年龄增加而增高的趋势；中师学历教师的心理健康水平明显低于大专学历教师和大学本科学历教师；大专学历教师在敌意、恐怖、偏执及精神病方面拥有比大学本科学历教师更高的心理健康水平，而在躯体化、抑郁、人际敏感、强迫症状、焦虑方面拥有比大学本科学历教师更低的心理健康水平，总体上，大专学历教师的心理健康水平低于大学本科学历教师。中小学教师的心理健康水平呈现如此状况的原因是：我国的传统文化赋予女性更多的责任导致女教师的心理健康水平相对比男教师差；学历反映了一位教师的知识层次和能力状况，知识层次越高和能力越强的教师越能够站在更高的层面看待社会、洞察人生、把握规律，不产生或更少产生心理障碍，即使产生心理障碍也更容易采取一定措施进行自觉的心理调整。

关于教师心理挫折的研究也表明，教师心理挫折广泛存在，严重制约着教师的职业幸福。教师心理挫折的表现是多方面的，一方面表现为教师工作和生活的多种需要受挫，另一方面表现为在遇到外在变化时的心理反应。

有人对教师的苦恼和需要做过问卷调查，发现教师挫折感的主要内容是：

渴望得到关怀，改善经济待遇，解决生活困难，得到公正的对待；希望学习提高，要求提供进修学习条件；抱怨教师工作辛苦，不被理解；对学校管理有意见，或认为现行有关制度和措施不够合理。

又有人在两年半时间内对54名教职工的心理做了系统的观察记录，分类统计如表4-1。

表4-1 教师职工的心理分类

挫折感的主要内容	生活需要受挫	安全需要受挫	社会需要受挫	自尊需要受挫	成就需要受挫	政治需要受挫
人数	14	1	2	18	13	6
百分比	26	1.8	3.7	33.3	24	11

从表4-1可知，安全需要受挫只占1.82%，反映了教职工的工作都有保证，无须担忧。而自尊需要受挫的比例最大，占33.3%，这说明知识分子自尊心比较强烈。生活需要受挫居第二位，成就需要受挫占24%，居第三位，这也表明即使在物质生活条件较差的情况下，成就需要仍然强烈。

研究发现，在心理健康与职业幸福之间，141位教师忧郁或愉快的心境同其总体幸福感指数之间的相关性达到0.853（n=141，**p<0.01），呈显著相关关系；其身心松弛或紧张状况同其总体幸福感指数之间的相关性更达到0.940（n=141，**p<0.01），也呈显著相关关系。

（一）健康的人格是教师享有职业幸福的必要条件

世界上有的人终生快乐，即使面临穷困、面临灾变也能快乐或恢复快乐；而另一些人整天郁郁寡欢，即使成为富人、成为名人也不快乐或快乐易逝。这与一个人的心理健康状况，尤其是与一个人是否有一个健康的人格有关。

美国心理学家保罗·考斯塔对5000名美国人长达10年的跟踪研究发现，"个人持久的特征对快乐有很大的影响"。不管该人的年龄、性别、民族、婚姻、工作、居住如何，在调查时快乐的人10年后仍然快乐。美国的另一位心理学家自20世纪20年代开始对一组青年男子进行了长达半个世纪的追踪研究发现，快乐的青少年也将是快乐的成年人。

人格是一个人在长期的社会生活实践中形成的稳定的意识倾向性与独特心理特性的总和，包括气质、能力、兴趣和性格几方面的内容。

健康的人格是人们幸福感产生和存在的重要保证。健康的人格是人们战胜挫折的有力武器，是人们事业成功的关键因素；健康的人格既表现为个人心理、道德、行为互相协调，又表现为个人与环境和谐融洽；健康的人格既是人们文化价值取向的终极关怀，也是人们幸福感产生和存在的重要保证。

1.大三人格与主体幸福感相关性理论

不同的人对人格有不同的认识，艾森克（Eysenck）将人格分为三种，即艾森克大三人格，它们是内外倾人格、神经质人格、精神质人格。

第一，外倾人格与幸福感正相关。外倾型的个体对奖励信息敏感，更能体验快乐，而内倾型的个体对负性情感反应更敏感，所以外向性特质能增进幸福感。人格外倾者很爱交际、喜欢聚会、有很多朋友等，其情感易失控，常常不可靠。人格内倾者喜好内省、喜欢读书，很沉默等。其心态有些悲观，但值得信赖。外倾人格与整体生活满意度、积极情感正相关，与负性情感无关，可以提高主观幸福感。艾森克1983年指出，幸福可称之为稳定的外向性。内倾人格的人对惩罚的反应更敏感，对提高主观幸福感不利。人格外倾程度越高，则该人越容易获得别人甚至外国的新思想、新技术，越容易被信任，越容易与人合作，也越关心社会大众，越愿意回报自己的祖国，自己也越幸福。反之，人格内倾程度越高，则该人越难以获得别人甚至外国的新思想、新技术，越难以被信任，越难以与人合作，也越远离社会大众，越难以回报自己的祖国，自己也越不幸福。

第二，神经质人格与幸福感负相关。关于神经质人格的人，艾森克说："情感的易变性是外显的、反应过敏的，得分高的个体倾向于过于强烈的情绪反应，他们在情感经历之后较难面对正常的情境。"神经质与消极情感相关，从而降低主观幸福感。神经质个体的抑郁性和焦虑性特质使之易于产生消极情绪，从而降低幸福感。

第三，精神质人格与幸福感负相关。精神质人格的人往往具有自我中心、好攻击、冷酷、缺乏同情心、不关心他人、忽视他人的权力和福利的特点。精神质人格属病态人格，不会增加主观幸福感。

2.大五人格与主体幸福感相关性理论

五因素人格理论有一些争议。诺曼（W-T.Norman，1963）认为，五因素人格中的五因素指外倾性、接纳度、责任感、情绪稳定性、文化。经过长期的发展后，人们逐渐取得共识，认为人格可分为神经质人格、外倾性人格、开放性人格、宜人性人格和严谨性人格五种，见表4-2。

表4-2 人格类型、特征及其与幸福感的相关性

人格类型	人格特征	与幸福感的总体相关（r）
神经质	不安全、自我遗憾、焦虑	−0.22
外倾性	好交际、喜欢玩笑、热爱	0.17
开放性	好幻想、喜欢变化、独立	0.11
宜人性	软心肠、乐于助人、新任	0.17
严谨性	讲秩序、自我约束、细心	0.21

注：本表由作者依据郑雪、严标宾、邱林、张兴贵著，广州的暨南大学出版社出版的2004版《幸福心理学》第104、105页的表格数据整理而成。其中，大五人格与幸福感的相关系数的原始资料来源：DeNeve&Cooper，1998.

关于大五人格与幸福感的关系，前文大三人格已述及神经质人格、外倾性人格与主观幸福感的关系，以下为开放性人格、宜人性人格和严谨性人格与主观幸福感的关系。

第一，开放性人格与幸福感正相关。郑雪（2003）认为开放性与生活满意度和正性情感呈正相关，与负性情感呈负相关，则开放性与主观幸福感正相关。

第二，宜人性人格与幸福感正相关。宜人性人格与生活满意度、正性情感存在显著正相关，与负性情感存在显著负相关，因而能提高主观幸福感。

第三，严谨性人格与幸福感正相关。关于严谨性人格与幸福感的关系，

Costa 和 McCrae（1982，1991）认为，严谨性人格与生活满意度、正性情感存在显著正相关，与负性情感存在显著负相关，因而能提高主观幸福感。

3.认知人格与主体幸福感的关系

认知人格与个人主观幸福感的关系如下：

第一，自尊人格与幸福感正相关；第二，乐观人格与幸福感正相关；第三，自主人格与幸福感正相关；第四，意义人格与幸福感正相关。

有意义的活动、有价值的目标提升主体幸福感的途径是：通过有价值和有挑战的活动，使个体获得能量和目标，并且远离悲伤；使每天的生活变得有规律和有意义；帮助个体应对每天生活中的问题和不幸，使他们能不断地重新开始生活；巩固个体的社会关系，并且引导他们参与更多的社会活动。

为什么不同的人格导致不同的主观幸福感？Gray（1982）认为，脑部结构的差别是主要原因。外倾人格的人更倾向于对奖赏作出反应，因此更幸福，而内倾人格的人或神经质人格的人对惩罚的反应更敏感，因此更不幸福。Myers 和 Diner（1995）则认为，幸福的人不仅具有某些人格的技能，并从自己建立的良好人际关系中体验到积极情绪，因而更幸福。此外，Argyle 和 Lu（1990）解释说，外倾人格者既从外倾性格获得幸福感，还从外倾导致的自信性格获得幸福感。人格对主体幸福感有显著的影响，研究主体的幸福离不开研究主体的人格。但研究人格对主体幸福感的影响还需要结合主体的文化背景来研究。

（二）教师健康人格的自我再塑造

影响高校教师幸福感的因素从大的方面看有教师的人格因素、教师的社会情境因素、教师的认知因素（包括教师的幸福观、生活决策、社会比较等）。教师的人格因素制约着教师长远的幸福状况。教师的社会情境因素在短期内制约教师的幸福感，对教师长久的幸福影响甚微。教师的认知因素从短期和长期两个维度制约着教师的幸福状态。因此，教师的人格制约着教师的幸福，教师人格再造是增进教师幸福感的有效途径。

1.教师健康人格再塑造是教师对自身人格的一种再培养和再锻炼

在 21 世纪这一知识经济时代，知识加速膨胀，知识老化加快，社会给教师们更多的发展机会和选择自由，但也给教师们带来了更大的风险、更多的失败、更大的竞争和更大的压力，这就需要教师们自觉地不断地对自己的人格进行再塑造。教师自我人格再塑造的目标应是外倾人格、开放性人格、宜人性人格、严谨性人格、自尊人格、乐观人格、自主人格、意义人格，避免神经质人格和精神质人格。

2.教师健康人格的再塑造可以从正确对待自我、正确对待他人、正确对待现实、正确对待经验几个方面进行

首先，关于正确对待自我，教师应重塑积极的自我观念。教师应恰当地认识自己，肯定自己，明确自己的潜能，洞悉自己的缺点；既使自己悦纳自己，也使自己被他人悦纳；既体验自身价值，又直面人生挑战。其次，关于正确对待他人，教师应重塑积极的他人观念。教师在学习型组织中发展，也在团队中生存，别人的存在不是自己发展的阻碍而是自己发展的机会，既认同他人又不强求他人，既与他人分享成功，又与他人直面挑战，既与他人总结过去，也与他人憧憬未来。再次，关于正确对待现实，教师应重塑达观的现实观念。当现实符合自己的愿景则加以充分利用而有所作为，当现实远离自己的预期则勇敢接受考验而克服困难，能积极达观地面对现实，而非依赖、防御地面对现实。教师无论执教优生差生、也无论被人悦纳或遭人忌恨，其言行符合文化常态，其角色扮演恰如其分，都能有所作为。最后，关于正确对待经验，教师应重塑恰当处理直接经验和间接经验的观念。教师的教学风格源于自己的教育教学实践，但教师应清楚地知觉所处的环境，慎重地对待自己的经验，恰当地梳理直接经验，充分利用间接经验，力戒刚愎自用，着力提高自己的效能感。

3.教师健康人格再塑造的主要方法是"行为引导情感法"

为了增进教师的幸福感，教师应不断重塑其人格。教师重塑人格的可用方法即"行为引导情感法"。外倾人格、开放人格、宜人人格、严谨人格、自尊人格、乐观人格、自主人格、意义人格等与人们的幸福感正相关，教师可以通过"行为引导情感法"来引导、暗示自己，使自己过更外倾、更开放、更宜人、更严谨、更自尊、更乐观、更自主、更有意义的生活，并逐渐形成习惯，以增进自己的幸福感。由于神经质人格与主观幸福感呈负相关关系，人们也可以通过"行为引导情感法"，从神经质人格的"焦虑——平静、不安全——安

全和自我遗憾——自我满足"特征出发，通过不断的行为引导、暗示而过上更平静、更安全、更自我满足的生活，并逐渐形成定势，以增进自己的主观幸福感。

教师身心健康状况制约着教师的职业幸福，若能恢复、保持教师的身心健康，减轻教师对身心健康的担心，则可以恢复或提升教师的职业幸福。若要恢复、保持教师的身心健康，减轻教师对身心健康的担心，教师本人的健康意识和健康行动显得尤为重要。首先，教师可以充分利用现行的医疗政策和医疗条件，定期体检、定期保健；其次，教师可以科学合理的饮食起居，养成良好的健康习惯；再次，教师可以充分利用休假的机会，及时放松自己。总之，教师没有健康的体魄就不可能享有职业幸福，正如德国作家凯斯特纳所说："不要过分用功！必须经常跑步、做操、跳舞、唱歌，不然大脑袋填满了知识，却只是个废人。"

教师的身心健康是有条件的，它依赖于合理需要的满足：匮乏性需要的满足有利于降低主体的紧张程度使其获得低级快乐——解除紧张之乐，有利于主体恢复心理平衡与避免疾病；成长性需要的满足有利于提升主体的活跃程度使其获得高级快乐——获取自由之乐，有利于主体提高自信水平与增进健康。教师的身心健康既依赖于自主修炼的努力，也依赖于客观条件的满足，外在文化场域能否提供充足条件极为关键。

第二节　教师职业幸福以加强德性修养为前提

通过失分因素分析表明，教师职业幸福感总体不高，第四位的原因就是今天的许多教师已经没有一个良好的职业满足感和良好的职业兴趣了，主要原因则在于他们缺乏一个良好的德性修养。

我国古代的许多学者对教师应该具备高尚的职业道德进行了充分的阐述：孟子在《孟子·尽心下》一文中说："圣人，百世之师也。"孟子为什么说圣人是百代之师呢？因为圣人品德高尚、行为懿范。扬雄在《扬子法言·学行》一文中说："务学不如务求师。师者人之模范也，模不模，范不范，为不少矣。"扬雄想表达的意思是，与其自己勤勉地学习，不如去拜一个好教师；因为教师是人们的模范。可是，在世俗生活中，又有许多教师"不模"、"不范"。《老子·二章》一文中说："圣人处无为之事，行不言之教。"老子这句话的意思是：圣人不应该以人害天，而应该遵循顺其自然的行为准则，圣人不应该施行只说不做的无效的教育，而应该通过自己高尚的行动施行无言的然而却是极为有效的教育。孔子在《论语·卫灵公》一文中说："当仁，不让于师。"其含义是说，在道德面前，就不必谦让于老师了，就是老师也应该依德行事，如果老师有违道德，学生一样可以批评纠正。类似的论述不少，但是讲的道理只有一个，教师必须具有高尚的职业道德。

江泽民同志曾说，"要说素质，思想政治素质是最重要的素质。"2002 年 9 月 8 日，江泽民同志在北京师范大学建校 100 周年大会上给教师提出了三点希望，一是希望我们的教师志存高远、爱国敬业；二是希望我们的教师为人师表、教书育人；三是希望我们的教师严谨笃学、与时俱进。三点希望在本质上都是对教师职业道德的要求，足见道德对一个教师的重要意义。罗素说："懒散、怯懦、冷酷和愚笨是现有的教育带给我们的坏品质，而理想教育必定能给我们带来勤奋、勇敢、善良和聪慧的美德。教育是人类开辟新世界的钥匙。""一个由具有活力、勇气、敏感和智慧的人们组成的人类共同体……在这个人类共同体中，几乎人人是幸福的。"罗素的话，其逻辑在于：理想的教育培育出富有美德的个人，富有美德的个人是幸福的个体。

"全人教育"的提出者、日本的教育理论家小原国芳说："爱！一颗诲人不倦的父母心，一种企望学生提高到自己那种程度的同情心，一种对弱者和失败者的怜悯心，一种对优秀者和日益上进者的尊敬心。这样，生动活泼的教学法就会产生。"这反映出了一颗仁德之心对教师的重要性。

一个教师应该是包容的、开放的、多元的，对未来充满憧憬和向往；对学生充满呵护和亲和；对家长充满理解和尊重；对社会充满关爱和感激。教师代表着修养，教师代表着德性。

一、德性是个人幸福的前提

（一）德性制约着兽性

卢梭说："如果人的心中没有一点道德，那么，他怎么会对英雄的行为那样崇敬，怎么会对伟大的人物那样爱慕？"国外的理性完善主义幸福观和我国的儒家伦理幸福观都坚持德性幸福观，反对感性快乐主义幸福观，国外的斯多葛学派、犬儒学派、我国的理学等派别将德性幸福观强调到极端，甚至主张"存天理、灭人欲"的禁欲主义，这种幸福观无疑是片面的幸福观，是错误的幸福观。从这些片面的幸福观、错误的幸福观中，人们不难发现德性的人性意义。人的德性不是一个人幸福的充分必要条件，但是，人的德性却无疑是一个人幸福的必要条件，因为个人的德性可以保证其善良性，"在极大的程度上，幸福的生活犹如善良的生活"。一个人没有了德性，就只剩下兽性，这个人就不成其为人了，更不会有属于人的幸福了。苏联的教育家 B.A.苏霍姆林斯基在读了因为杀死了一个素不相识的 16 岁少年而被判处了死刑的 19 岁青年的 48 页来信后，对该青年犯下杀人滔天罪行后竟然没有丝毫罪恶感而感到震惊："（该青年）只有慌乱和恐惧，而没有忏悔，没有对罪行的认识。"同时，苏霍姆林斯基提出，"道德教育的重要任务，就在于要使儿童深刻地懂得：生命既是一种强大有力、不可战胜的财富，同时也是一种脆弱的，往往是无助的、极易受到损伤的珍品"。教师只有在德性的关照下，才会构筑起精神生活的大厦，才会珍惜生命和自由，才会拥有职业幸福。

（二）德福背离仅仅是德福律的偶然状态

在主体的德性与主体的幸福之间存在统计学上的规律性正相关关系，这就是幸福的德福律。德福律即一个人的幸福与其德性是基本一致的，德福一致是常态，德福背离属偶然，一个人的德性是其幸福的前提条件之一。一个人的德性是其幸福的构成成分之一，这就要求人们，在实现自身幸福的过程中不能违背人的德性本质。如果为了个人的幸福而不顾道德的谴责，那就不是一种受人普遍尊重的幸福，该人也因为使用了恶劣的手段而削弱了或取消了本身的幸福感。曾国藩对德福律有一个说法，他说，人生的福分是有限的，一个有德性的人能够将自己的福分长久地保留，一个缺德的人会快速耗尽自己的福分："有福不可享尽，有势不可使尽。""天降大福须有大气度受之。小心谨慎者未必不敢豪放，只是常记着盛时如桃李繁茂，衰时如秋风吹过，因此，有了好运气，也不会大肆享用。没有谁能使富贵隆极一生，因此须小心保得现有的声誉家势，即使要求其不衰减，也须花费你一生的精力。"

（三）教师的德性修养与教师的职业幸福密切相关

教育领域的教师，其职业幸福具有更高的道德水平和更多的德性因素。其实，一个教师自其成为普通教师的那一天起，他就成了一个践行一定阶级道德行为准则的人，他就失去了随心所欲的自由。因此，在今天，教师应自觉抵制享乐主义的诱惑，把热爱党的教育事业、真诚奉献社会、尊重爱护学生、为人师表、以身作则等作为其师德修养的主要内容，通过其高尚的人格感召学生，引领社会，实现别人与自己的幸福。就如江泽民总书记对我国科技工作者的指示一样，我国新时代的教师也要"坚持党的基本路线，大力弘扬爱国主义精神求实创新精神、拼搏奉献精神、团结协作精神"，也要"为祖国的强盛和人民的幸福而奋斗"。

二、教师的德性即依据其内心信念和社会舆论对社会教育事业的无限忠诚

教师的德性指教师依据其内心信念和社会舆论，对社会教育事业的无限忠诚，对其任教学生的满腔热情，对世俗社会的万世师表，对生命价值的关怀倾注。

（一）教师的德性首先要做到志存高远、爱岗敬业

1.教师职业幸福离不开高远的志向

志向是教师自身在专业发展上对自己的期望，是成长的内驱力。缺少志向的教师，在专业成长途中就没有方向，当遇到挫折和失败时，往往会怨天尤人，缺乏自省。因此，志存高远对一位教师的成长尤为重要。在改革开放新时期，我国人民教师的神圣职责就是传授科学文化知识，传承优秀民族精神，弘

扬爱国主义，为祖国和人民培养合格人才。今天，我国人民教师高远的志向在于忠诚于人民教育事业，积极引导和帮助青少年学生树立正确的世界观、人生观、价值观，培育出成批的国家栋梁之才。

2.教师职业幸福离不开坚忍的意志

意志是一个人成长的关键：一方面，教师的成长意味着艰辛的付出，没有坚韧不拔的品质，教师难以做到百折不挠、奋勇直前，教师难以践行神圣使命、健康成长，也难以体验到成功的快乐。另一方面，教师的成长意味着忍耐寂寞。罗素说："随着农业时代的来临，生活开始变得单调枯燥了"，因此，"一定量的厌烦是生命不可缺少的一部分"。同时，寂寞也有其自身价值，罗素说："唯有寂寞才能使人有所创造"，"某些美好的事物只有在伴以一定程度的单调时才有可能获得。"伟人一般过着平静单调的生活，这就从事实上证明了罗素观点的正确性，可以说，教师"要得到生活的幸福，一定程度的厌烦忍受力是必要的，这一点从小就应传授给年轻人"。耐得住寂寞与坚忍的意志分不开。

3.教师职业幸福离不开高尚的人格

教师在其职业生涯中能够将外在的诉求与内在的尺度、教书育人的神圣使命与自我价值的实现有机结合起来，更好地完善自我、实现自我、超越自我，更好地强己律己、为人师表、言传身教，体现其主体的生命价值和意义。人本主义认为，自我实现是人的最高需要。作为一名当代教师，他们的自我实现需要显得比一般教师更加强烈，他们通过不断补充知识存量、完善素质结构、提升专业水平，以求更好地发挥自身的优势，追求"自我实现"。当教师的自我发展与其自我需要相适应从而达到自我和谐时，教师的主观幸福感就会得以增强。虽然现实中的部分教师生活拮据、清苦，甚至仍显捉襟见肘的寒酸，但这并不排斥教师从其职业中获得快乐、获得充实、实现自我。当教师超越了对纯粹物质欲望的追求，而把自己所作的平凡工作与学生成长联系在一起，与个人收获的快乐、自我价值的实现联系在一起时，他就获得了精神的自由和美好的幸福。选择教育作为自己的终生职业，教师倾注了对自身生命价值的期盼。生命价值是教师从事教育事业的基础性价值，叶澜说："人的生命是教育的基石，生命是教育学思考的原点。在一定意义上，教育是直面人的生命、通过人的生命，为了人的生命质量的提高而进行的社会活动，是以人为本的社会中最体现生命关怀的一种事业。"教育是充满职业魅力的能充分体现和提升教师生命价值的职业，他们献身教育事业不仅是付出，而且也是自己的存在方式，也是自己发挥自身潜能、满足自我需要、实现生命价值、享有幸福人生的方式。

4.教师职业幸福必须克服妒忌心理

妒忌心理在现实社会广泛存在。"是呀，"妒忌者说道，"今天天气很好，春天来到了，鸟儿在歌唱，鲜花在开放，但是我知道，西西里的春天更要美丽一千倍，赫利孔山丛林里的鸟儿唱得更动听，沙伦的玫瑰比我家花园里的玫瑰更鲜艳。"当妒忌者这么想时，太阳失去了光芒，鸟儿的歌唱变成了无意义的鸣叫，鲜花似乎都不值得一看了。妒忌心理严重危害个人幸福，罗素说："除了忧虑之外，使人不幸福的最主要的潜在原因之一，或许就是妒忌了。"妒忌本身就是幸福的一大障碍。增加幸福依赖于减少妒忌，罗素还说："无论谁要增进人的幸福就必须增进羡慕情绪，减少妒忌情绪"，"对别人大方豁达的态度不仅给他人带来幸福，而且也是自身幸福的一个主要源泉，因为这样做使自己为人们所接受、欢迎。"教师的职业幸福源于脚踏实地、乐于奉献的工作态度，源于淡泊明志、甘为人梯的精神境界，源于严谨笃学、与时俱进的务实作风，与抬高自己、打压同伴的妒忌心理格格不入。

（二）我国现阶段教师的德性也体现为坚持以"以人为本"原则正确处理师生关系

我国现阶段教师应依据职业道德的要求来处理好其作为劳动者与其劳动对象的关系，既做到热爱学生、教书育人，又做到师生共度幸福的生命历程。

1.从教师的劳动对象看，教师"以人为本"的教育只能是引领学生走向幸福的教育。

教师可从自己独特的工作对象——活生生的学生身上看到自己的劳动成果——使人"成其为人"，不仅是学生知识的丰富，智力的成长，情感的浸润，意志的砥砺，人格的完善，体魄的健全和心灵的圆满，而且还要使学生体验到精神上的无限幸福。教师的教育活动总是带着厚重的历史使命感和社会责任感。教师职业使命的真谛是精神成人，即引导学生精神世界的生长生成，启迪他们对人生和世界的美好情怀，诸如爱、希望、信心、善良、诚实、正直、幸福感等，给他们的幸福人生奠定良好的精神基础。教师的幸福是其教育幸福的前提，是引领学生走向幸福人生的重要资源。学生的幸福人生只能在幸福的教育场景中展开，而幸福的教育场景不是教师置身事外设计出来的，离不开教师本人幸福生活的演绎。教师的幸福教育同样遵循身教重于言教的真理，在此意义上，在教师的教育生活中，学生的幸福主要是由教师"操纵的"，教师在这方面具有主导性。教师领悟其职业使命的真谛，引领其学生走向幸福人生，是教育职业赋予教师的神圣使命，是教师职业幸福的必然要求。

第一，教师"以人为本"的教育只能是以教育对象为出发点和归宿点的教育。"以人为本"的教育要求教师是"人师"而非"经师"，要求教育的目的就是使教育对象成为人，使教育对象的自由本性得以充分实现，使教育对象的体力、智力、情绪、伦理各方面协调、全面发展，使教育对象具有完美的人格，使教育对象成为自由之人。这是一种"完美的教育对象"，也是永远无法完成的教育对象，正因为无法完成，人们才会不断追求使其完善，而这才是教育所信仰的教育对象。唯此，我们才能真正从教育对象出发来理解教育对象，理解教育对象最根本的自由不是对必然的把握，而是在把握必然基础上实现自我的超越，理解"以人为本"的教育不是实现预定目标的过程，而是与人一样不断成长的过程，从而使"以人为本"的教育由"阶段性教育"走向"终身性教育"。

第二，教师"以人为本"的教育只能是充满爱心的教育。关于爱惜他人和爱惜自己的关系，卢梭认为，只有兼爱才可使自己心安理得，才可使自己享有持续的幸福。卢梭说："这种爱同自爱相结合，就可以使他在享受了今生的幸福之后，最终获得那良心的安宁和对至高的存在的沉思，允许他来生享受永恒的幸福。"在市场化、城市化、国际化、现代化"新四化"的挑战面前，今天的教师，除了有一颗悦己之心外，尤其重要的是需要一颗热爱学生的心，真正有效的教育只能是富有爱心的教育，教育的过程就是付出爱心、享受爱心的过程。普通教师也罢，教师也好，只有对教育对象充满无私的爱才会为教育殚精竭虑，为学生呕心沥血，因为对学生的爱包含了给予、责任、关心、尊敬、了解等积极的人性因素；对学生的爱引导着为师"我"进入存在的深处并形成个体人格，建构起我和他人及自然的人性化联系；对学生的爱使为师"我"有力量抗拒现实生活中的诱惑、痛苦与困惑，从而超越现实的存在。因此，苏霍姆林斯基说，没有爱就没有教育；精神空虚、思想枯竭、志趣低下、愚昧无知等绝不会焕发和孕育出真正的爱。陶行知也说，捧着一颗心来，不带半根草去。教师"以人为本"的教育、充满爱心的教育，相信每个生命的珍贵，相信每个学生都有聪明的火花，都是可造之材，都值得自己花费心血；相信每一个生命的神奇，每个个体都不是人类的样品和标本，每个人都是独特个性的展现和实例。"以人为本"的教育、充满爱心的教育要求教师相信每一个学生，爱惜每一个学生，既爱学优生也爱学困生，没有学生可以放弃。有人说爱自己的孩子是本能，爱别人的孩子是神圣。那么有教育信仰的教师就要成为爱别人孩子的神。"以人为本"的教育、充满爱心的教育要求教师既本能地爱惜自己的孩子，又神圣地爱别人的孩子。"以人为本"的教育、充满爱心的教育使教师从学生身上看到自己的劳动成果，从学生那里获得积极反馈，从学生那里收获精神的幸福、创造的幸福和给予的幸福。霍懋征老师从教 60 年，从没有对学生发过一次火，从没有惩罚过一个学生，从没有向一个学生家长告过状，从没有让一个学生掉队。充满爱心的教育使教师始终平等面对每个学生，热情关注每个学生的成长，使自我与学生成长为一个"人"并一起成长，就如卢梭所说："不这样（按：爱人与爱己的结合），我认为人间就会都是不义、虚伪和狂妄的行为，因为，竞争的结果，必然是个人的利益胜过一切，促使每一个人给罪恶蒙上美德的外衣。"

　　第三，教师"以人为本"的教育只能是灵魂对灵魂的教育。教育本身意味着一棵树摇动另一棵树，一朵云推动另一朵云，一个灵魂唤醒另一个灵魂。人只能由人来建树，教师工作的对象是正在形成中的个性最细腻的精神生活领域，即智慧、感情、意志、信念、自我意识。这些领域也只能用同样的东西即智慧、感情、意志、信念、自我意识等去施加影响。乌申斯基说，在教育中一切都应以教育者的人格为基础，因为只有人格才能影响到人格的发展和规定，只有性格才能形成性格。也正因为此，霍懋征老师的学生说，霍老师教他们做人，不是说出来的，而是做出来的。在创造与给予中，师生投入的并不只是一种认知方式，还包括情感、态度、个性、性格、气质、意志等人之为人的一切，同样收获的也不只是一种智能结构，而是师生生命意义的共同丰富与完美个性的共同成长。

2.从教师的劳动过程看，教师要做到师生共度幸福的生命历程。

杨钦芬认为，幸福是一种主观感受，能否获得职业幸福感，需要一种幸福的生活观念和职业境界。教师，作为置身于课程与教学中的人，课堂教学是他最基本的生活方式，他的课程观教学观支配着其课堂的生存状态。在传统的课程教学观下，教学过程成为传递知识的过程，课堂中的教师仅仅是以"知识传递"的"物"而存在，感受不到作为"人"的自由和幸福。当教师将课程与教学整合起来，即视"课程为教学的事件，教学作为课程开发过程"时，才真正由课程的"受制者"变成课程的"创造者"，教师将自己的个性、态度、价值观融入课堂，教学过程也就成为其生命活动、专业成长和自我实现的过程。教师从师生共度的生命历程中收获尊严和自由，从教学实践的硕果中体悟生命的升华。在教师看来，职业不再是"生存之道"，而是人生重要的生命历程。只有达到这种境界，教师才由职业的"工作体"变为"生命体"，真正由"他律"走向"自律"，将教学使命内化为自我信念，其最基本的生活方式发生了生成主体性的变化，从而积极投身教育改革，勇于挑战，大胆创新，不断超越自我，成就自我。

（三）我国现阶段教师的职业幸福在于德性幸福——以身立教、为人师表

教师的职业幸福取决于其精神境界。教师是否拥有职业幸福取决于其是否能够正确处理职业劳动与自身人格塑造的关系，和是否能够做到以身立教、为人师表。

教师的职业幸福本质是德性幸福。幸福的社会性和精神性决定了教师要想获得职业幸福，必须提高自身的德性品质。教师的职业幸福是一种高尚品质，是一种积极进取、健康向上的人生观、价值观，是一种开拓创新、与时俱进的时代精神。教师的职业幸福主要体现在物质需要得到满足的同时高尚精神需要

的追求上，体现在从"我"走向"我们"的过程中。

教师的职业幸福主要是爱心奉献。热爱教育、热爱学生、身正为范是教师职业道德的核心。教师只有在提高了自己的精神境界和师德修养后，才能不断认识到教育就是马克思所说的"那种使我们长期从事而始终不会感到厌倦、始终不会松劲、始终不会情绪低落的职业"，才能不断增加其对学生情深似海和丹心一片的爱心，才能不断端正其对工作精益求精和认真负责的态度，才能不断培养出一批又一批的优秀人才，才能不断体验到作为教师的幸福和快乐。

痴迷名利与教师的职业幸福背道而驰。马克思说："被名利弄得鬼迷心窍的人，理智已经无法支配他，于是他一头栽进那不可抗拒的欲念驱使他去的地方；他已经不再自己选择他在社会上的地位，而听任偶然机会和幻想去决定它。"痴迷名利者处于鬼迷心窍的蒙昧自发状态，即便走上教师岗位，甚至在某些方面还有一些长处，这样的所谓教师也是不会收获到职业幸福的。就如彭文晓指出的一样，一名功利市侩、自我中心的教师是谈不上什么德行，更不好谈什么工作幸福的。在对本能欲望、物质需要的满足、克制、升华过程中，教师会积淀丰厚的超功利性。教师幸福源于从利到义、从肉到灵的超越过程。

教师的职业幸福在于从利到义、从肉到灵的超越，源于以身立教、为人师表的德性。

三、教师的职业幸福依赖于教师崇高的职业道德信念和属"我"的职业幸福尺度

根据幸福的体验律，幸福是理想实现的心理体验。人们对幸福的追求与对理想信念的追求是不可分离的。因此，教师的职业幸福依赖于教师崇高的职业道德理想和职业道德信念，遵从于属于"我"的职业幸福尺度。如果缺乏职业道德信念和不能形成属"我"的职业幸福尺度，教师就不可能享有职业幸福体验，就不会拥有职业幸福。

教师的职业道德理想是教师通过教育这种有意识的生命活动，根据其内在需求和条件塑造自我、塑造自然界以及社会上所设想的有可能达到的完美状态，它回答主体所向往和所追求的完美标准的问题。

1.教师的职业道德信念是存在于教师头脑中的坚信，教书育人道德行为准则的正确性，并对该准则带有深刻而持久的情感体验、力求以自己顽强的意志力践行该准则的观念

首先，人是要有信仰的。一个人没有信仰，则该人没有名副其实的生命；一个民族没有信仰，则该民族没有名副其实的国土，则该民族是一个可悲的民族。要振兴一个民族，必须振兴其教育；要振兴一个民族的教育，必须振奋其教师；要振奋一个民族的教师，必须塑造其职业道德信念。有职业道德信念的教师才能从其所从事的教育事业中体验到人之为人的意义和价值，体验到人生的幸福。

其次，教师的职业道德信念是教师知、情、意的统一。具体讲，教师的职业道德信念是教师对教育所要培养的理想之人及对教育在人和社会发展中应然价值的极度信服和尊崇，是教育活动中教师对人自身的信念和对教育的信念的统一，也是教师职业道德行为的强大内部动力，是教师自我监督、自我反省和自我强化的重要因素。

再次，教师的职业道德信念是教师达成"育人"目标的保证。教育目的是"育人"而非"制器"，陶行知曾说，先生不应该专教书，他的责任是教人做人；学生不应该专读书，他的责任是学习人生之道。"教教材"、"教书本"、"教知识"不等于"教人成人"，"有知识"、"有学问"不等于"成人"。市场经济条件下的教育，往往只为实用和实际的目的，过分强调单纯的智育，直接损害了伦理教育，异化了"教人成人"的教育使命。教师不是教书的匠人，学生也不是知识的容器和考试的机器，教师的使命就是教人成人。教师要教人成人，则自己得首先成人，自己不能没有职业道德信念。伟大的教育家总有坚定的职业道德信念。孔子信仰"仁"和"礼"，卢梭信仰"自然"。苏霍姆林斯基宣称："我的教育信仰在于使人去为他人做好事，并发自内心深处去做，在于建造自我。"雅思贝尔斯说："教育需有信仰，没有信仰就不成为教育，只是教学技术而已。"职业道德信念作为一种内在精神，一种强烈而深沉的情感，引导着教师信服和尊崇教育的"育人"目的，引导着教师拒绝各种诱惑，把自己生命所有的力量集中在人生理想和教育理想的追求之中，不断

走向职业的高处和深处，引导着教师追求人生幸福。

2.教师崇高的职业道德信念内化为教师属"我"的职业幸福尺度

教师崇高的职业道德理想和职业道德信念促使教师自身心性的完善，内化为教师属"我"的职业幸福尺度。追求幸福是一个人的主体性不断增强，人的本质和生命境域不断拓展的过程。每一个人只有在完善自身心性的前提下，在属"我"的职业幸福尺度内追求自己的职业幸福。主体的心性指个体心灵层面的素质面貌，是主体的生命力量和能力素质的内在根基。一个心性素养比较高的人必然是能够感受创造的快乐、给予的快乐、精神的快乐的人，构建起了属"我"的幸福尺度的人，更容易成为幸福的人。反之，一个心性素养比较低的人，要么生存技能低下，要么属"我"的幸福尺度结构尚未形成，心灵脆弱，没有机会感受或不能够感受创造的快乐、给予的快乐、精神的快乐，因此，他（她）只可能是一个缺乏幸福体验的人。

目前，教师也往往因其职业的特殊性，在教育活动中扮演着非常重要的多重角色，甚至"扮演"成了教师职业生活的惯常方式。在"扮演"中，教师也往往身不由己，其角色自我不断膨胀，其个性自我则日渐萎缩，教师的心性不断遭遇侵蚀，教师属"我"的幸福尺度不断摇摆。在"扮演"中，社会通过赋予过多的角色规范影响着教师幸福标准的形成，教师也往往依据一种被教化和被灌输的幸福标准来"扮演"自己的职业幸福，这是没有自我心性和属"我"的职业幸福尺度的幸福。要还教师一个个性存在而不是一种角色扮演，只有把教师崇高的职业道德理想和职业道德信念内化为教师属"我"的职业幸福尺度，通过完善教师的自我心性的途径才能实现。

崇高的职业道德理想和职业道德信念是教师追求的目标，是教师高层次的社会性需要的表现形式，它给教师的行动动机以巨大力量。崇高的职业道德理想和职业道德信念一旦确定以后，就会给教师的思想、道德以深远的影响，决定其行为的方向性、原则性、坚韧性和持久性，决定教师对职业幸福的感受和体验。丧失或缺乏崇高的职业道德理想和职业道德信念，教师便难以确立长远、持久的奋斗目标并为其实现而不懈追求。教师崇高的职业道德理想和职业道德信念的缺乏、动摇或瓦解，不仅会导致其精神失落，也会导致其教育实践中的许多失误和不幸，因此，崇高的教育理想和教育信念是教师职业幸福的基础。

3.教师的职业幸福依赖于其高尚的道德情感和道德情操

根据幸福的价值律，幸福是人们由于感受到人生价值的实现而形成的一种精神上的满足。人的幸福渗透了人的价值，人的幸福反映了人的价值，幸福是人生价值追求的目标所在。人生价值的有无决定了人生幸福的有无；人生价值的大小决定人生幸福的高低。由于幸福本身具有精神性、创造性和给予性，这就决定了主体的人生观、价值观决定着主体的幸福观；一个人如果没有健康的价值需求则该人必定远离幸福。教师中的优秀分子，其幸福依赖于健康的人生目的、完美的创造活动、向善的道德法则。教师，如果没有健康的人生目的，就没有神圣的人生使命，就将失去人生意义，其幸福也就无从谈起。教师，如果没有完美的创造活动，就失去了成功的感觉，其幸福也就只能是虚假的幸福。同理，教师，如果使用卑下的手段去从事合目的的创造性活动，则仍然不能获得崇高的职业幸福。

第三节　教师职业幸福以提升能力为必要条件

通过失分因素分析表明，我国教师在"松弛与紧张"方面的职业幸福感指数失分排第五位，失分率达 24.04％。换句话说，教师职业幸福感不高，第五位的原因就是今天的教师经常处于紧张状态，用心理学的语言说就是，今天的教师经常处于应急状态。

今天的教师经常处于紧张与应急状态有两方面的原因。从外因来说，今天的政府、家长、学校管理者、学生等社会群体给教师施加了不应有的过大的压力。从内因来说，今天的许多教师也的确存在着自身素质不够、技能不足、难以应付快节奏教育教学要求的状况。

有研究表明，"有十分幸福的童年的人常有不幸福的成年"。这是为什么呢？周鸿教授解释说："很少遭受挫折痛苦的孩子，长大后往往会因不适应复杂多变的社会而痛苦不堪。"从周鸿教授的话语中人们可以明白一个道理，一个人若要实现自己的幸福生活，必须以这个人具备一定的才能为前提，在这个意义上说，幸福也是一种能力。

人的素质的现代化是人们幸福生活的基础和前提，可以保证人们更快、更好地适应现代社会，从而拥有幸福生活。在教育领域，教师自身的"才"指教师的知识技能素养，它是教师职业幸福的必要条件。我国改革开放 30 年来存在的国民文化水准不高、国家的软实力太软的问题，在我国的教育领域就表现为，一方面，在这 30 年，我国的广大教师在塑造高文化水准的国民、提高国家的软实力方面所作的贡献不够大。另一方面，我国的广大教师以及教师自身的文化水准也不够高，自身的软实力也太软，从数量看，这 30 年，我国诞生了多少教育家、多少其他层次的教师？从质量看，我国这 30 年诞生的教育家及其他层次的教师内涵有多深、在国际上名声有多远？就整体而言，我国教师的"才"还是不足的，我们缺乏教师大师，这是不争的事实。具体表现在专业理念的不适应，专业知识的不适应，专业能力的不适应，专业情意的不适应。

一、教师的职业幸福依赖于教师的才干

教师的职业幸福指教师育人理想得以实现的舒畅心理体验。教师育人理想的实现，除了要求教师要有良好的师德外，还要求教师具有专业的知识技能，即才华横溢。教师的幸福生活不是自然生成的，它依赖教师的创造能力，需要教师自己去发现、去感受、去创造、去享受教育教学的幸福。有了一定的社会环境，教师并不一定拥有职业幸福，教师必须凭借自己的能力，方才有希望获得幸福。一个玩世不恭、不学无术的教师，想要获得因教育教学而产生的幸福感，那等于是天方夜谭。从这种意义上讲，教师的幸福是一种品质、一种能力，只有具备了一定的品质和能力，教师才能获得幸福。

（一）教师的才干是多维的

世界劳工组织和联合国教科文组织于 1966 年在《关于教师地位的建议》提出，"本课程（按：师范教育课程）之目的，在于发展每位教师储备机构（按：师范教育机构）学生之一般教育及个人文化、教学以及教育他人之能力、察知举世皆然的，建立良好人际关系之教谕原理，以及以教学和作为社会、文化及经济进步典范，奉献己力的责任感。""基本上，储备教师课程应包括：一般学习。学习哲学、心理学、社会学中适用于教育方面的知识，教育原理与教育史，比较教育、实验教育学、学校管理及不同科目的教学法。学习教师储备学生日后意欲从事教学领域的专业知识。实习教学及经由合格教师指导来带领课外活动的实习机会。""所有的教师，均应在大学，或是与大学同等级的学院，或专门为储备教师所设置之机构中，修毕一般科目、特殊科目以及教育科目的专业知识。"从《关于教师地位的建议》不难看出，教师的"才"包括两类，一类为教师广博的一般文化知识才能，另一类为从事教育教学工作的专业知识才能。其中，教师的专业知识才能又分为学科专业知识才能和教育专业知识才能；教师的"才"应是大学层次的。

目前，社会上许多人存在否认教师工作是专业工作的倾向，就是在承认教师从事的是专业工作的人中，又有许多人存在轻视教师广博的一般文化知识才能和教育专业知识才能的倾向，似乎学科狭窄的所谓"专家"都可以当教师。这些倾向都是对教师专业工作的误解，极不利于我国教育事业的发展和教师的职业幸福。国际知名学者特别看中教师广博的一般文化知识，并认为广博的一般文化知识最有助于人的幸福因而是最有价值的知识。美国的教育哲学家布劳迪（H.S.Broudy）说："有一种关于人类本质和心理品质与性格方面的知识，这种种方面都有助于幸福……这是最有价值的知识。"他还引证说："颂扬普通学科的还有工商界的巨头们。他们不时公开宣称：具有广博的理智素养的雇员比那些受过狭窄的专门训练的雇员更有价值。"

至于为什么广博的一般文化知识极为重要，布劳迪认为，第一，广博的一般文化知识适应服务业兴起的实际需要。他针对服务业的兴起说："一是，许多服务性行业取代许多工厂职业的前景。这个前景要求大量中学毕业生有使用符号的技能（symbolic skills）的功底以适应中层的职业。"第二，广博的一般文化知识有利于人们及时建立一个想象的概念库。他说："二是，即使借口为了教育具有见识的公民也要求有一个想象的概念库，而这种库藏只有长期不懈地学习普通学科才有希望提供。最后，急躁的大学生急于从事专业课程的学习，如果普通教育在中学不能彻底实施，可能就根本不能实施，至少在退休前是实施不了的。"第三，广博的一般文化知识即使有所遗忘也可以以缄默知识的形式发挥重要作用。有的人说，广博的一般文化知识很快就遗忘了，不值得学习，他们说："我们通过考试不到五年，能够回忆出曾经学得很好的历史、科学、文学的内容已经所剩无几了。"布劳迪反驳说："缄默的认识或超过我们能够讲述的认识。这意味着，正式学习过的大多数东西在从学校毕业以后的生活中是默默地而不是明确地发挥作用。""这就是普通学科发挥作用的途径；即使细节不能够回忆起来，普通学科也为我们提供了一个据以思维、想象、感觉之意想和概念的仓库。它们以大量的联想资源使得我们的反应丰富多彩；它们使我们的经验安排得明白易懂，因为明白易懂的次序是借助学科媒介默默地形成的。"第四，广博的一般文化知识能够赋予一切事物以心智形式。布劳迪认为，广博的一般文化知识是联想性的和解释性的，"正是这种对知识的联想性和解释性的使用，可以使知识变得不仅从长远来看而且从近期来看，不仅对力争成熟的青少年而且对有时间反省其生活经历的退休者，都最有价值。它有价值，并不是因为它得到社会英才的推崇，也不是因为它在这种文化里的成功历程中会获得直接的职业报偿，而是因为这种构建情景的知识（context.building knowledge）赋予我们在工作中、在投票站、在家中做事、思考和感受的一切事物以形式。这就是有教养的心智的形式。"教师广博的一般文化知识才能和深厚的专业知识才能是教师职业幸福的可靠依托。

（二）为了更好地丰富教师的才干，必须不断地提高教师的人性层次

我国传统文化认为，人（包括教师）处于一个人性不断生成的过程，这一过程贯穿人生的全过程。人（包括教师）的贯穿其人生全过程的人性不断生成的过程其实就是人的文化过程。从"文化"在英语中的最初含义看，"文化"在英文中的最初含义指 culture_文化，培植，或指 Cultural——文化，培植，农

耕。因此，在英文中，文化的最初含义，即为与自然行为相对的人的行为，与自然物相对的人的创造物。在这里，人的行为、人的创造物要符合物种自然尺度，要符合人的内在需要尺度，即符合客观规律的人的行为和人的创造物才叫文化。

从"文化"在汉语中的最初含义看，"文"最早通"纹"，指交错有序、井井有条的现象，"文"即理乱为序。"化"指生成、变异、转变，即彻头彻尾的变化。在汉语里，"文化"指经过"文"的方式使人变化，使人变得有序、有理、有节、有才，文化过程也是人的创造性过程。

中国传统文化指以汉民族文化为代表的华夏民族历代相沿而又不断承传更新的被共同认可的流行的生活方式、道德意识、风俗习惯等相对稳定的聚合体。

中国传统文化的精神层面体现为儒释道的共生与互补：我国儒家讲入世，要求人要有所作为，普惠天下；我国佛家讲远离世事，要求人要广结善缘，度化世人；我国道家讲避世，要求人要清静无为，普度世人。

我国传统文化的基本要义主要包括虚实生白的生存理论；内圣外王的信仰理论；整体感悟的思维方式和平衡中庸的处世方式等。我国传统文化具有稳定的延续性、强大的凝聚性、严密的伦理性、突出的人本性、人格的独立性和进取的奋发性等特点。

我国传统文化认为，人的文化过程依序包括野人阶段、小人阶段、士人阶段、君子阶段、贤人阶段和圣人阶段，每一阶段的人具有不同的人性，具有不同的修养水平、知识水平、技能水平、才华水平。

人之野人阶段——野人即处于婴儿期的人，完全本能的人，不讲道理的人，喜怒哭笑不分时间、吃喝拉撒不讲地点的人。

人之小人阶段——与道德上的小人不同，自然的小人即年龄幼小、心理幼稚、知识贫乏的人。人之士人阶段——士人即开智、养德、长才、习能的人。士人具有以下特点：行己有耻，使于四方，不辱君命；宗族称孝焉，乡党称弟焉；言必信，行必果。

人之君子阶段——君子即心胸开阔、自强不息、容人之量、成人之美的人，"穷则独善其身，达则兼济天下"的人。君子还具有以下特点："君子不忧不惧"；仁者不忧，智者不惑，勇者不惧；不怨天、不尤人；"君子喻于义，小人喻于利"；"君子周而不比，小人比而不周"；君子"矜而不争，群而不党"；君子坦荡荡，小人长戚戚；君子讷于言而敏于行。

人之贤人阶段——贤人即有才德、有声望的人。

人之圣人阶段——圣人即超凡脱俗、追求未来、不辞艰辛、牺牲自我的人。

教师的职业幸福依赖于教师的"才"，即依赖于教师的不同文化层次，依赖于教师的不同人性。在一般情况下，一个人处于野人阶段和小人阶段，则该人是不可能成为教师的；一个人如果处于士人阶段或君子阶段，则该人不仅可以为师，而且还可能成为教师；一个人如果处于贤人阶段或圣人阶段，则该人不仅可以作为教师，而且还可能成为充满幸福感的教育家，例如，我国教育史上的圣人孔子、亚圣孟子不仅是一代教育教师，而且还是充满幸福感的教育家。具有不同文化层次、不同人性层次的教师，其幸福程度也是不同的，一般而言，一个教师如果具有更高的文化层次、更高的人性层次，那么该教师具有更高的幸福水平。

二、教师的才干指教师的知识技能

根据幸福的实现律，教师的职业幸福要由可能变成现实，教师应当具有从事教育教学工作所必需的知识和技能，以提高其追求教育职业幸福的水平。失败的教师是不能收获教育职业幸福的。对教师而言，教育活动，或"按部就班"，或"拈花一笑"。把教育活动由理性的思辨、职责的履行转变成感性的激越、幸福的享受，这是教师获得幸福的关键。把教育活动由工作变成乐趣，教师必须具备良好的知识结构和卓越的能力。

1.在知识方面，教师除了要有扎实的学科专业知识外，还要拥有丰富的学科教育知识以及广博的文化知识

具有丰富而渊博的知识是教师做好本职工作的一个重要条件，也是教师进行创造性劳动的基本条件，从而也是教师享有职业幸福的必要条件。

教师必须具有扎实的学科专业知识、学科教育知识以及广博的文化知识。教师的知识结构通常包括通识知识、学科知识、专业知识和实践知识，其中，专业知识又包含课堂管理知识、课程与教学知识、评价知识、儿童发展和学习理论知识、中国教育基础知识、管理与组织知识等。

在我国，教师必须具有扎实的学科专业知识，但是，教师仅有扎实的学科专业知识是不够的，还不能实现教师的职业幸福。因为专业知识，并不必然就与学生的学习兴趣与成绩相一致。如果一位教师仅有系统而丰富的专业知识，没有学科教育知识以及广博的文化知识，不能正确认识教学活动的规律，不了解其教育对象，则不可能用一种通俗化的语言来表达一个深刻的道理，学生因不能理解过于学术化的语言而往往感到枯燥乏味，对学习缺乏应有的兴趣，进而产生厌学甚至逃学的情况。这也正是许多教师具有很高的学历却不能胜任低层次教育教学任务的缘故，也是影响教师享有职业幸福感的原因。针对这种情况，教师不仅要随着时代的发展不断更新自己的专业知识，而且必须根据学生的特点和教育教学规律不断丰富自己的学科教育知识以及普通的文化知识。唯其如此，该教师才能取得满意的劳动成果，在面对自己的劳动成果时由衷地体验到芬芳的职业幸福。

2.在能力方面，一位教师应该具备教育注意能力等多种能力

在 21 世纪新课程改革背景下，一位教师应该具备课程开发能力、教材编写能力、教育注意能力、教育观察能力、教育表达能力、教育思维能力、教育教学能力、教育想象能力、教育审美能力、教育机智能力、教育创新能力等多种能力。

没有综合的能力，即或教师，或取得一定教育成功的教师，也是不可能拥有充分的职业幸福的。赵汀阳说："是否能够获得幸福很大程度上取决于能够感到幸福之所在，在这种意义上，幸福是一种能力。这一点是残酷的，如果不能知道如何获得幸福，那么无论怎么好的条件也是废的。"罗素也说："人生的幸福与艰辛，并不取决于我们的际遇，而在于我们如何对付它，在于感受他的性质和程度。"扈中平教授甚至说，许多人"身在福中不知福"，其根本的原因在于这些人缺乏发现、捕捉、感受、享用幸福的能力。扈中平教授说：

"在我们今天的生活中往往并不缺乏导致人产生幸福感的外在的物质条件和精神条件，然而许多人却缺乏幸福的感受，不能感知自己所处的幸福情境，'身在福中不知福'。个中原因极其复杂，但最主要的原因是人们感知幸福的能力低下。""幸福并不虚玄，并不神秘，并非高不可攀。许多人以为，幸福离自己很遥远，但殊不知，幸福也就在我们的日常生活中，就在我们的举手投足中，甚至就在不经意中，稍纵即逝。生活本身往往并不缺少幸福，往往更缺少的是人发现、捕捉、感受、享用幸福的能力。"

总之，一位教师如果没有一定的能力，他（她）就不会收获教育成功，即使获得教育成功也体验不到教育的幸福。反之，如果一位教师教育能力过硬、教育得心应手、教育改革超前、教育硕果累累，他（她）必然从教育事业中获得成功、获得充实、获得享受、获得幸福。

目前，我国教师普遍欠缺或者急需充实的能力是教师的学术能力和教师的专业能力。

教师的学术能力指该教师对自己的专业活动概念化、抽象化，并且能够以书写和言说的方式充分表达出来，使自己成为一个真正的学术自主发展的主体的能力。教师的学术能力包括教师的学术阅读能力、学术规范能力、学术文献综述能力、研究方法使用能力、研究课题申报能力、学术报告能力和学术写作能力。具有充分学术能力的教师具有研究教育的学术规范意识，并能在教育研究中掌握学术规范并进行实践；能够独立设计可行的研究计划或项目；能够进行文献综述，独立撰写科研论文；能够独立地组织学术研讨会，能够从敬语、歉语、守时、准确运用语言、内容完整等方面完成学术报告并礼貌地回答提问的问题。

教师的专业能力指该教师对自己的教育教学活动优化程序、平稳运行，并且能够以教育教学实践方式充分表达出来，使自己成为一个真正的专业自主发展的主体的能力。教师的专业能力包括课堂管理能力、课程编制能力、教育评价能力、促进学生学习能力（教学能力）等。

3.教师丰富的知识和卓越的能力构成了教师内在的素养和外显的"才华"

教师的专业素养与专业能力分为两类，一类是学科专业素养与学科专业能力，另一类是教育专业素养与教育专业能力。

（1）关于教师的学科专业素养与学科专业能力

依据教师工作的不同学科、不同领域，教师的学科专业素养具体包括两个部分，一部分为所有教师共有的学科专业的素养，另一部分则是从事不同学科、不同领域工作的教师特有的学科专业素养。除了特殊教育类教师专业标准多特教专业知识、特殊需求学生鉴定与评价两个向度之外，所有教师的学科专业标准向度都包括教师的学科专业基本素养、敬业精神与态度、课程设计与教学、班级经营与辅导、研究发展与进修五个向度，而且不同学科、不同领域的教师，其学科专业标准也各具特色。

第一，所有教师共有的学科专业素养包括教师的专业基本素养、敬业精神与态度、课程设计与教学素养、班级经营与辅导素养、研究发展与进修素养。

教师的专业基本素养包括教师的教育学基本素养、关注学生教育机会公平的素养和以不同思维或立场理解教育事件的素养。

教师的敬业精神与态度，在敬业精神方面，教师的素养包括遵守教育专业伦理规范的素养、展现教育热忱和专业使命感的素养和人格修养、以身立教的素养。在敬业态度方面的素养包括了解教育及社会发展形势以适应教育变革需求的素养和参与学校发展事务的素养。

教师课程设计与教学的素养。在课程设计方面，教师的素养包括了解课程设计原理与原则的素养和弹性调整课程与选编适合教材的素养。在教学实施方面：教师的素养包括了解教学原理与原则的素养、设计适当的教学计划的素养和运用适当的教学资源与方法的素养。在学科知识方面，教师的素养包括具备自己任教科目或领域的专门知识、具备学科教学知识和具备跨领域相关知识。在教学评价方面，教师的素养包括发展与应用多元评价方式的素养和运用评价结果来重新规划或改善教学的素养。

教师班级经营与辅导的素养。在班级经营方面，教师的素养包括营造良好的班级气氛与学习环境的素养、建立合宜的班级常规的素养、恰当处理班级偶发事件的素养和有效进行亲师沟通的素养。在辅导知能方面，教师的素养包括了解辅导与谘商原理原则的素养、了解学生身心发展的素养、用心辅导学生的素养和具备特殊教育的基本知识和技能。

教师研究发展与进修的素养。在进修成长方面，教师的素养包括进行自我反思促进自我成长的素养、积极参与专业进修研习或成长团体和进行专业生涯规划的素养。在研究创新方面，教师的素养包括将进修或研究成果应用于教育工作的素养和善用校内外资源进行教育工作的创新的素养。

从事高校教育的教师特有的素养。首先，在课程设计与教学方面，从课程设计方面看，高校的教师应了解职业中学阶段的课程纲要。从教学实施方面看，高校的教师应具有管理专业教室（实习及实验场所）的素养。从学科知识方面看，高校教师应具有了解所任教科目相关行业之现况及发展趋势的素养。从教学评价方面看，高校教师应具有引导学生进行自我评价的素养。从建教合作方面看，高校教师还应具有设计建教合作学习方案、寻求建教合作厂商、安排建教合作学生相关的教学、协助审核及选择建教合作相关教材、协助订定学生之实习就业指导事项、协助评估建教合作计划实施成果的素养。

其次，在班级经营与辅导方面。从班级经营方面看，高校教师应具有安排专业教室（实习及实验场所）人事组织、协助其他教师的管理工作并体会职场情境的素养。从辅导知识和技能看，高校教师还应具有了解青年同侪文化、协助学生进行生涯规划的素养。

再次，在研究发展与进修方面。从进修成长方面看，高校教师应具有对产（企）业变迁和就业结构的转变能做出积极反应的素养。

总之，高校教师的专业素养应与高职学校注重学生技能培养、满足就业与职场发展需要的实际相符合，包含具备建教合作、管理专业教室相关事务、了解任教科目相关行业发展趋势以及对于产（企）业与就业结构变迁能做出积极反应等方面的素养。

（2）关于教师的教育专业素养与教育专业能力

所有教师，无论其工作的学科领域有多么不同，他们都必须具有教育专业素养与教育专业能力。除一般教育学书籍介绍的内容外，这些素养与能力主要应考虑以下项目与内涵：

第一，关于课程目的和课程标准：每一位教师必须写出该门课程要达到的目的和标准，而且要发给每一个学生使其知晓明白；学科考试要有预定的计划，避免折磨人的考试方法。

第二，关于教师的任务：教师的作用在于制约学生的情绪反应；学习主要是学生的事情。第三，关于学生的个别差异：每一位教师必须认识到，每一个学生都值得尊重，了解每一个学生的气质性格差异尤为重要；对学生"最佳的刺激作用"在于对不同的学习对象作不同的学习安排。

第四，关于激发学生的学习动机：教师有控制地激起学生适度的愿望，可以发展学生的注意和"好奇心"；学生的学习兴趣和注意来自学习成功，必须强化学生注意学习的行为。

第五，关于营造学生的学习情境：教师应把每一个学习任务分解成必须分别学习的、需要时可以训练的具体成分，复杂"行动"应分解成简单"动作"，再教练这些简单动作；在有些情况下，最初学的东西就是最后要学会的东西；教师必须注意教学中那些积极的和消极的可能性，教学与其说是心理的，不如说是逻辑的；教学的辅助机器的价值在于程序设计和改进程序，在有用的场合使用。

第六，关于学生学习的强化和消退：教师应该使学生知道学习的进程，学习中不希望的行为可用反面的练习加以消除；惩罚只可用来抑制某些习惯从而控制适宜的反应发生：在一定情况下，教学就是等待一个反映发生，教师可以加速这种反应发生；有效的奖励与惩罚在于立刻进行，并伴随应有的情绪反应；不是预期的行为不应强化。

第七，关于学习过程的控制：教师应避免"盲目动作"的存在；在不同点上进行刺激练习以扩展学生的技能；在教学中观看对别人的强化是有效的；学习发生在学生专心看和听之时；动作反应对于体育技能的学习是必要的，但对课堂理论论证性学习则是不需要的；不允许学生带着最后的错误；在教学中要避免反应抑制的发展，课间休息是重要的；每一堂课都应从容易的和有关联的教材开始；从教学开始之时就必须清除那些干扰性的情绪反应（模式）；学生必须有学习的准备以使达到预期的反应；教师应设法诱导以使学生潜在的学习表露出来。

第八，关于学习的保持和迁移：教师应明白，时间与遗忘没有直接联系，遗忘乃因其他学习经验插进来了，因此，应及时防范各种干扰；来自学习新材料的干扰可以因重新学习原有材料而减少。过去的学习从来不会完全遗忘掉，再学习的高效率乃是教育的优点；学习完全不同的材料不受旧学习的干扰；学生在某一作业遇到困难时，可以认为是受到了先前学习的干扰，教师要注意讲清楚前后刺激的差异；教师应确认相同因素导致的迁移；运用部分强化的形式，以获得持久性的行为；保持依靠注意，而非依靠意向；教师应保持依赖正当的刺激，避免问"偏僻的"问题，特别要训练学生识别"同一问题"的不同形式；教师应在那种要求学生反应的同一情境中练习反应。

第九，关于学生学习中的顿悟与理解：只有当学生对构成回答的那些刺激早就具有适当的情绪条件反射时，顿悟才能发生；不具备较低水平的知识和经历，就不要去教较高水平的操作；要强化每一项即使在行为上看不出有什么变化的正确反应；培养学生在可能的场合应用中介材料。第十，关于教与学：教师要明白，某些任务是可以让一个学生教另一个学生的；学习需要时间，学习内容的多寡必须考虑时间的约束。

所有教师，无论其工作的学科领域有多么不同，在发展其教育专业素养与教育专业能办方面，首先值得思考的问题即"旧教育"与"新教育"的问题。

"旧教育"是指历史上人类经验的逻辑抽象方面，其代表是课程教材本身；"新教育"是指现实中儿童经验的心理感悟方面，其代表是课程教材和儿童的关系。过去，许多教育工作者对"旧教育"与"新教育"各执一端：

"旧教育"重视学科而"新教育"重视儿童；"旧教育"重视训练而"新教育"重视兴趣；"旧教育"重视逻辑而"新教育"重视心理；"旧教育"重视教师的学识面而"新教育"重视教师的同情心；

"旧教育"重视指导和控制而"新教育"重视自由和主动；"旧教育"重视规律性而"新教育"重视自发性；

"旧教育"重视历史遗产的珍贵而"新教育"重视新颖经验的价值；"旧教育"重视课程的神圣权威而"新教育"重视儿童的天赋人权；"旧教育"呈现为死气沉沉和墨守成规而"新教育"呈现为乱作一团和无政府主义。

美国教育家杜威（John Dewey）认为，"旧教育"与"新教育"都是孤立的、静止的和片面的，当然也是错误的和不足取的。关于"旧教育"与"新教育"都是片面的和孤立的，杜威说："在这两者之间，即或者从外面强迫儿童，或者让他完全自流，看不到有第三种可能。因为看不到第三种的可能，有些人选择这种形式，有些人选择另一种形式。两者都陷于同样的根本性的错误。两者都没有看到发展是一个特定的过程，有着它自己的规律，只有当适当的和正常的条件具备时才能实现。"人们忽视了每一种观点的非全面性与非联系性。

关于"旧教育"与"新教育"都是静止的，杜威说："把一方和另一方对立起来，就是使同一成长中的生活的幼年期和成熟期生活对立起来；这是使同一过程的前进中的倾向和最后的结果互相对立；这是认为儿童的天性和达到的目的处于交战的状态。"人们忽视了"新教育"向"旧教育"运动、转化、发展的功能性。

杜威认为，"旧教育"与"新教育"都是联系的、发展的和全面的，存在着由此达彼、相互依赖、相互转化的可能。杜威说："进入儿童的现在经验里的事实和真理，和包含在各门科目的事实和真理，是一个现实的起点和终点。"即是说，"新教育"乃儿童教育的起点，"旧教育"乃同一儿童教育的终点，"新教育"和"旧教育"之间存在由此达彼、相互依赖、相互转化的桥梁——同一儿童的教育。杜威将"新教育"和"旧教育"之间的关系比喻为"两点决定一条直线"的数学关系，他说："儿童和课程仅仅是构成一个单一的过程的两极。正如两点构成一条直线一样，儿童现在的观点以及构成各种科目的事实和真理，构成了教学。从儿童的现在经验进展到以有组织体系的真理即我们称之为各门科目为代表的东西，是继续改造的过程。"

片面坚持"旧教育"或"新教育"都不可取。杜威说："总的说来，正如'旧教育'的缺点是在未成熟的儿童和成熟的成年人之间做了不合理的比较，把前者看作是尽快和尽可能要送走的东西；而'新教育'的危险也就在于把儿童现在的能力和兴趣本身看作是决定性的重要的东西。其实，儿童的学习和成就是不固定的、变动的，它们每日、每时都在变化着。"

与"旧教育"从道德上和理智上极端轻视儿童有害一样，"新教育"从道德上和理智上对儿童过于热情、过于理想也一样有害，杜威说："儿童现在的经验绝不是自明的。它不是终极的，而是转化的。它本身不是完成了的东西，而只是某些生长倾向的一种信号或标志。只要我们把自己的目光仅仅限于儿童此时此地的表现，我们就处于混乱和被引入歧路，我们就不能理解儿童经验的意义。"实际上，"旧教育"乃"新教育"遥远的方向与目标，"新教育"有待于向"旧教育"发展。

（1）关于我国校本课程开发的缘起

1968 年，澳大利亚的塔斯马尼亚州和新南威尔斯州发表官方声明："教师应该参与课程开发；学校应该诠释课程，发展课程方案；州政府应在课程框架中提供学校、教师发展学校课程方案的机会，使其拥有课程的自主权。"之后，校本课程受人关注。

校本课程也称"学校本位课程"（School-based Curriculum），在世纪之交再次成为各国课程改革的口号。

（2）校本课程开发的本质

校本课程、校本教材和校本课程开发是三个互相联系而又互相区别的概念。

校本课程是国家课程的一种重要补充，是学校在尊重本校师生的独特性和本校环境的差异性的条件下，在理解国家统一课程纲要的基础上，根据自身的教育哲学思想和资源禀赋特点专门开发并付诸实施的课程。

校本教材是校本课程开发结果的重要表现形式。各中小学可以而且必须通过校本教材的形式把校本课程开发的结果反映出来，以利于教学。

校本课程开发（School-based Curriculum Development，简称 SBCD）是一个争论颇多的概念：1973 年 7 月，欧洲经济合作与发展组织的下属机构"教育研究革新中心"在爱尔兰召开了一次"校本课程开发国际研讨会"。在该会上，菲吕马克（Furumark）提出，"校本课程开发意指参与学校教育工作的有关成员，如教师、行政人员、家长与学生，为改善学校教育的品质，所计划、主导的各种学校活动"。同样在该会上，麦克米伦（McMullen）却提出，"校本课程开发是以学校为基础的课程发展工作。该课程发展工作大部分依赖学校教职员工以及学校的现有资源"。1976 年，斯基尔贝克（M.Skilbek）提出，"校本课程开发，是由学校教育人员负责学生学习方案的规划、设计、实施与评价"。

1985 年，中国台湾学者黄政杰提出，"校本课程开发是以学校为中心，以社会为背景，透过中央、地方与学校三者权力责任的再分配，赋予学校教育人员权责。由学校教育人员结合校内外资源与人力，主动进行学校课程的计划、实施与评价"。

1990 年，马什等人（Marsh etal.）提出，"校本课程开发是一种重视师生共享决定，共同建构学习经验的教育哲学，也是一项需要课程领导与组织变革的技巧"。

其后，中国台湾学者张嘉提出，"校本课程开发系指学校为达成教育目的或解决学校教育的问题，以学校为主体，由学校成员如校长、行政人员、教师、学生、家长与社区人士主导，所进行的课程发展过程与结果"。

我国学者崔允漷提出，"校本课程开发即校长、教师、课程专家、学生以及家长和社区人士共同参与学校课程计划的制订、实施和评价活动"。

2002 年 6 月，我国的钟启泉等学者对校本课程开发概念进行了综合，认为，"校本课程开发的场所在学校，开发主体是学校的校长、教师以及校外的学生家长、社区人士等，主要开发活动是制定学校课程计划、实施课程并评价课程"。

这些不同的校本课程开发概念在侧重点上各不同，或侧重主体，或侧重场所，或侧重方式，或侧重要求，或侧重过程。

综上所述，校本课程开发是一个以弥补国家课程开发的局限，以学校的校长、教师和校外的相关人士等为课程开发主体，主要以学校为基地进行的课程民主决策过程。在立足于社区和学校特点的同时，其内容的难度和逻辑结构等还要受国家教育方针的约束。

（3）我国校本课程开发的困难

在教材观念方面，绝大多数校长和教师习惯于"教材即知识"、"课本即根本"、"教材是唯一的课程资源",企求学生完全接受教材的内容,不习惯于"教材是范例"、"教材是文化中介"、"教材是师生对话的话题",认识不到教材是引导学生认知发展、生活学习和人格建构的范例。在专业素养方面,绝大多数校长和教师习惯于学科本位和分科教学,不习惯于"跨学科教学"和"全人教育",缺乏校本课程开发和校本教材建设的专业准备。

在专业技能方面,绝大多数校长和教师习惯于钻研教材、讲授教材、考试教材,几乎没有开发校本课程和编写校本教材的经验,缺乏校本课程开发和校本教材建设的规划、设计、制作、试行及修正的技能,甚至认为校本课程开发和校本教材建设是"上面"的事情,不是自己"分内"之事。

这种种困难严重制约着我国教师的职业幸福。因此,在新课程改革背景下,教师的职业幸福极大地依赖于自己的校本课程开发和校本教材编写的素质与能力。

三、教师才干的形成过程

教师从事的教育教学工作是一个极为专业的工作,从教育教学工作对教师素养的要求就可见一斑。教师的素养、教师的"才"是教师取得教育教学工作成绩、拥有职业成就感和职业幸福感的前提条件。教师的"才"是教师拥有职业幸福的必要条件。

(一)教师才干的形成过程就是教师的文化过程

文化的功能在于通过文化途径(包含教育途径)提升人的素质,塑造文化的人,变蒙昧的人为文明开化的人。

1.文化的功能在于通过文化的途径提升人的素质

所谓素质,其最简洁的含义即为"不经提醒的修养",人的素质是一个综合体系,包括人的思想素质、道德素质、群体素质、语言素质和计划素质等。

第一,文化的功能在于通过文化的途径提升人的思想素质——变自然的人为思想的人,即变自然的人为能够进行理性认识的人或拥有理性认识的人。

第二,文化的功能在于通过文化的途径提升人的道德素质——变自然的人为道德的人。何为"道德的人?"英国的教育思想家斯宾塞(Herbert Spencer)

说："作为道德的人，他最重要的品质到底是什么呢？我们需要培养什么最重要的能力呢？难道我们不可以回答是自我控制的能力吗？正是这种能力构成人类和野兽的主要区别。也正是由于这种能力，人被定义为'瞻前顾后'的动物。文明的民族所以比未开化的人优越，就是因为他们赋有更高的自我控制的能力。"关于提升人的道德素质的重要性，我们从蔡元培的言论中可见一斑。蔡元培1917年1月发表《就任北京大学校长之演说》，要求北京大学的学生一要抱定宗旨，为求学而来；二要砥砺德行，力矫颓俗；三要敬爱师友，以诚待人。蔡元培给北京大学的学生提出的三点期望，其中两点都是对学生德性的要求。关于"砥砺德行"，他说："方今风俗日衰，道德沦丧，北京社会，尤为恶劣，败德毁行之事，触目皆是，非根基深固，鲜不为流俗所染。诸君肄业大学，当能束身自爱。然国家之兴替，视风俗之厚薄。流俗如此，前途何堪设想。故必有卓绝之士，以身作则，力矫颓俗。诸君为大学学生，地位甚高，肩此重任，责无旁贷，故诸君不惟思所以感己，更必有以励人。苟德之不修，学之不讲，同乎流俗，合乎污世，己且为人轻侮，更何足以感人。"关于"敬爱师友"，他说："教员之教授，职员之任务，皆以图诸君求学便利，诸君能无动于衷乎？自应以诚相待，敬礼有加。至于同学共处一堂，尤应互相亲爱，庶可收切磋之效。"蔡元培的演说虽然发表于我国旧民主主义革命时期，但是，其重视人性中之德性的思想对于今天以建立社会主义市场经济体制为目标的我国具有重要的现实意义，通过各类文化的途径提升国民的道德素质显得十分紧迫。

第三，文化的功能在于通过文化的途径提升人的群体素质——变自然的人为组织的人。

从人类文化学角度看，人的历史依次经过了纯动物的人（距今约450—800万年到距今约200万年）、蒙昧的人（距今约200万年到距今约1万年）、野蛮的人（距今约1万年到距今约5千年）、文明的人（距今约5千年至今）几个阶段。

美国学者路易斯·亨利·摩尔根说："一部分人类早在大约五千年前就已进入文明社会，这必须被视为一个奇迹。……文明社会仍然必须被视为是环境的偶然产物。它的产生有时是必然的；但是文明社会竟能在它实际完成的那个时候取得成就，仍然是一个特别的现象。这也可以提醒我们：我们今天极为安全和幸福的条件，乃是我们的野蛮的祖先和更远的蒙昧祖先经过斗争、遭受苦难、英勇奋斗和坚持努力的结果。他们的劳动、他们的试验、他们的成功，都是上帝为从蒙昧人发展到野蛮人、从野蛮人发展到文明人而制订的计划中的一个组成部分。"摩尔根着重阐述了由于冶炼铁矿等科学技术进步促进人类社会进步的过程，还原了今天的人们早已忘记的部分历史的本来面目，让我们更加明白"我们今天极为安全和幸福的条件，乃是我们的野蛮的祖先和更远的蒙昧祖先经过斗争、遭受苦难、英勇奋斗和坚持努力的结果"的道理。但是，促进人类由纯动物的人、蒙昧的人、野蛮的人依次发展为文明的人的另一力量在于人的个体存在而群体生活。人在纯动物时期，幼小的人与其父母组成家庭这样的血缘组织；当其成长到可以离开其父母时，则必须离开血缘家庭，去组成一种集体种群，过一种新的集体生活。至氏族时期，长老们就会将一定的年轻人集合起来，通过集体的方式向他们传授各种宗教信仰、仪式和传统。这种群体是以年龄而非血缘组织起来，类似的超家庭的社会产生出来并长久地保持下去。在阶级社会，由于各群体的经济地位不同，社会分裂为统治阶级与被统治阶级两大集体。个人能否适应社会而生存下来，关键在于其是否能够同化一切集体成员都要遵循的社会准则和该阶级成员必须遵循的特殊准则。这一同化过程即为其文化过程，其途径主要有家庭教育、学校教育和终生性的社会继续教育。对此，法国学者涂尔干（Emile Durkheim）说："如果在科学活动、艺术活动、职业活动等人类活动中，换言之，在所有构成我们的生存内核中，我们都习惯于像狼那样特立独行，那么我们的社会气质就根本不会有什么机会来强化自身，发展自身。""我们必须做的事情，就是试图造就一种与当前社会秩序及其依托的原则相一致的群体。"为了造就类似的群体，涂尔干特别看中学校这一文化的渠道："学校是一种真实的群体，儿童自然而且必然地是学校的一个组成部分。……所以通过学校，我们可以获得一种在与家庭生活不同的集体生活中培训儿童的方法。"

第四，文化的功能在于通过文化的途径提升人的语言素质——变自然的人为说话的人。

约在 2000 万年前，由于气候条件的变化以及草原的增加和森林的减少，作为人类祖先的非洲南方古猿由林栖改为地栖，使古猿逐步直立行走，这就解放了其前肢，扩大了其视野，发展了其大脑，纯动物的本能活动发展为萌芽形态的劳动即"最初的动物式的本能的劳动形式"。

萌芽形态的劳动促进了语言的产生：由于协同动作的需要，已经到了彼此间有些什么非说不可的地步了，于是产生了语言。语言的产生，使大脑能够以言词概括各种感觉材料，使人类能够进行抽象思维，使彼此能够交流思想。

语言自其产生开始，就是（形成中的）人类集体和人类社会的标志。婴儿刚出生时乃是一个自然的人，没有言语能力。在不断的社会化过程中，其言语能力逐渐发展起来，这一过程就是该主体不断文化的过程。

个人语言素质的高低主要反映在其驾驭语言的技能高低方面：准确性和生动性乃是反映个人言语技能高低的主要标准。

第五，文化的功能在于通过文化的途径提升人的计划素质——变自然的人为计划的人。

成熟的人在其活动之前就预定了活动的蓝图、目标、方式和步骤等，体现着与动物本能活动不同的目的性和计划性。人对客观对象认识越深则其活动的计划越详细，其活动的自觉性越高，其活动的自由性越大。计划性是人与其他动物互相区别的标志。

个体的计划素质不是与生俱来的，而是后天习得的，是在"实践、认识、再实践、再认识，这种形式，循环往复以至无穷，而实践和认识之每一循环的内容，都比较地进到了高一级的程度"这样一个不断文化的过程中习得的，也是在一个不断反对落后于客观实际的"右倾机会主义"和反对超越于客观实际的"'左'翼空谈主义"错误的智慧化过程中习得的。毛泽东同志说："原定的思想、理论、计划、方案，部分地或全部地不合于实际，部分错了或全部错了的事，都是有的。许多时候须反复失败过多次，才能纠正错误的认识，才能达于和客观过程的规律性相符合，因而才能够变主观的东西为客观的东西，即在实践中得到预想的结果。"

总之，文化的功能在于通过文化的途径，变自然的人为创造的人，变自然的人为文化的人。

2.教师才干的形成过程就是教师的文化过程

第一，教师的素养，其实就是从事不同学科、不同领域教育教学工作的教师所具有的共同素养和自己从事的不同学科、不同领域教育教学工作所要求的特殊素养。这些素养从最一般的意义讲就是教师的思想素质、道德素质、群体素质、语言素质和计划素质等。教师也因为具有了相应的素质而由一个自然的人成为一个会思想的人、有道德的人、归组织的人、懂说话的人、做计划的人，总之，教师成为一个具有正确的职业幸福观、感受职业幸福的品质，创造职业幸福的能力并能很好履行教育教学专业职责的文化人。

第二，追求职业幸福的教师必须是一个善于创造的文化人。追求职业幸福的教师之所以需要文化（教育），主要因为提升教师感受职业幸福的能力和创造职业幸福的能力需要提升教师的文化层次。教师的多种素质归结为一点，即教师创造职业幸福的素质，教师感受职业幸福的素质依赖于教师创造职业幸福的素质。任何人，如果不会创造，则不可能享有职业幸福。罗素关于充分认识世界的思想很好地说明了创造的意义，他说："真正使人满足的幸福是由人体官能的充分发挥，以及对我们生活于其中的这一世界的充分认识相伴随而获得的。"

瑞士教育家皮亚杰（Jean Piager）以一个教师如果不懂实验教学则就不是一个专业教师来强调教师的创造素质。皮亚杰说："教师必须是一位懂得实验教学在实践中如何开展的专业人才。"为何皮亚杰特别强调教师的实验教学才能呢？因为人类的知识来源于生产实践、科学实验和阶级斗争（社会斗争），科学实验是人类社会发现发明的有效手段，尤其人类社会在工业革命后，这一方法的作用更加明显。因此，实验教学是发展学生创造力，用今天的话说，就是培养知识创新人才的关键方法。一个教师如果不懂实验教学就不是一个专业教师。皮亚杰不仅强调教师的创造素质，而且特别强调培养富有创造力的学生。他说："对大多数人来说，教育意味着努力引导儿童成为和他所处的社会中典型成人一样的人。……但对我来说，教育意味着培养创造者。尽管他们当中并不多，尽管一个人的创造比起别人的创造是有限的。但你必须培养造就创造者、革新家，而不是只会踩着别人脚印走路的人。"当然，缺乏创造力的教师是培养不出富于创造力的学生的。皮亚杰甚至提出了创造力产生的三种方法："第一，当你研究某一专题时，你不要阅读有关这个领域的书，事后再读。第二种方法是，尽可能多地阅读有关领域的书。第三种方法是，找个替罪羊。我的替罪羊是逻辑实证主义。"这些方法对提升教师的教育创造力是颇有帮助，值得珍惜的。我国的现代教育家陶行知更将教师的创造才能推崇到无以复加的高度。首先，陶行知认为、创造是教师的快乐之所在。他说："他们（按：教育者）所要创造的是真善美的活人。""教师的成功是创造出值得自己崇拜的人。先生之最大的快乐，是创造出值得自己崇拜的学生。"其次，陶行知认为教师应明创造之理与创造之术。他说："教育者也要创造值得自己崇拜之创造理论和创造技术。活人的塑像和大理石的塑像有一点不同，刀法如果用得不对，可以万像同毁；刀法如果用得对，则一笔下去，画龙点睛。"最后，陶行知否定了教师不能创造的各种谬论。陶行知分别否定了"环境太平凡了，不能创造"、"生活太单调了，不能创造"、"年纪太小，不能创造"、"我是太无能了，不能创造"和"山穷水尽，走投无路，陷入绝境，等死而已，不能创造"等关于创造的谬论，提出"处处是创造之地，天天是创造之时，人人是创造之人"的教师创造至理名言。

苏联的教育家 B.A.苏霍姆林斯基认为，教育的本质在于思考、创造，而不在于识记、重复。针对学生日复一日、年复一年地重复着别人的思想，却没有表达自己的思想，B.A.苏霍姆林斯基认为，解决这一问题的办法是教会学生善于思考，勤于创造。他说："学校的首要任务，就是教会学生善于思考和善于说话。""必须把儿童的生动的词语和儿童的创造作为教学体系的基础。不要重复别人的思想，而要创造自己的思想。"

苏联的教育家马卡连柯认为，为了在教育工作中进行更好的创造，教师不惜冒险："在我们的教育工作中，我们有权利拒绝创造吗？不能够，我们决不能拒绝教育工作中的创造性。因此，我确信在教育工作中，教师和所有其他的工作人员一样，也有权利勇敢行动，甚至有权利做冒险行为。"马卡连柯将教育创造提高到了无以复加的高度。

第三，发展名师的职业创造才能，关键在于发展名师的职业想象能力。关于想象力，爱因斯坦有一句名言，即"想象力比知识更重要"。可以说，人类五千年文明史是一部不断假想再不断证实或证伪假想的历史，一时不能证实或证伪的假想也不断"折磨"着活着的人们，人类就在不断"折磨"中走向成熟、走向新的文明。正是人类对军事防御的想象，我们创造了万里长城；正是人类对生死轮回的想象，我们创造了金字塔；正是人类对交通运输的想象，我们开凿了京杭大运河、苏伊士运河、巴拿马运河；正是人类对生命奇迹的想象，我们合成了具有生命活力的牛胰岛素；正是人类对深邃天穹的想象，我们发明了人造卫星；正是人类对嫦娥奔月的想象，我们成功登月；正是人类对数字逻辑的想象，我们证明了哥德巴赫猜想；正是人类对美好未来的想象，我们迈出了民主大同的步伐，类似事例数不胜数。

但是，想象本身是中性的，它可以向两个截然相反的方向想象：或符合人类发展的方向，或违背人类的发展方向。正是少数人对君权神授的想象，人类创造了太监宫刑；正是少数人对侵略掳掠的想象，人类出现了战争疯子希特勒、东条英机；正是少数人对大型客机的想象，恐怖分子发动了"9·11"袭击；正是少数人对原子技术的想象，人类社会拥有了足以毁灭地球几十遍的核武器，类似事例也数不胜数。

教师的想象在于塑造符合人类发展方向的英才。不同国家、不同阶级身份的名师关于教育的想象不同，尤其在培养什么人这个问题上打上了深刻的时代的烙印和阶级的烙印。教师的想象大致包括对教育对象的想象、对教育过程的想象和对教育情境的想象。教师对培育教育英才的想象，至少要符合人类发展方向，想象我们人类走得"更快、更高、更远"，否则就不是这里所要探讨的想象了。

关于教师的想象，我们不能不分析美国安妮·沙利文对海伦·凯勒的教育。对一个又聋又哑又瞎的孩子——海伦·凯勒，我们能对她进行教育吗？我们能将其培养成什么样子的人呢？美国的沙利文小姐通过自己的想象、耐心、努力和怜悯，创造性地将其培养成了一个伟大的文人，海伦·凯勒的经典作品

《假如给我三天光明》鼓舞着无数的人们克服困难走向成功。

想象力是社会文化和社会环境两种塑造力量的产物。托马斯·弗里德曼说："一个是人们存在其中的社会文化内涵——就是指他们的宗教领袖和民族领导人告诉他们的教义——以及这些教义如何对人们的想象力产生影响。另一个是人们在成长过程中所处的社会环境，这种环境对塑造人们如何看待世界与他人的方式有巨大的影响。"

教师的想象力也源于社会文化和社会环境两种塑造力量。自 2002 年开始，成千上万的美国、新加坡和其他国家的中小学生在接受印度人的家庭学业辅导，其辅导科目为数学、科学、英语等，而且这一趋势呈急速发展的态势。直到今天，我们的许多名师对这一教育现象也无法想象：印度人如何辅导远在万里之遥的外国孩子学习？为何由印度人而不是由中国人或其他国家的人辅导？辅导者与被辅导者有什么好处？这些问题都可以从印度人的文化素质已大幅度提高、印度人熟悉英美国家的语言文化和现代科技已方便快捷地给世界每一角落的人们提供了功能强大的计算机网络中得到答案。

当我们说"教师的想象力源于社会文化和社会环境两种塑造力量"时，其社会文化和社会环境既指现实文化和现实环境，也指虚拟文化和虚拟环境，而且虚拟文化和虚拟环境的作用大有超过现实文化和现实环境的可能。1993 年 7 月 5 日，彼德·斯坦纳创作了两只狗聊天的漫画，发表于《纽约客》上，其中一只狗对另一只狗说："在互联网上，没有人知道你是一只狗。"的确，在因特网上，英雄不问出处，个人的才能可以无限放大，个人的不足都可以弥补，残疾人"不再是残疾人"了。

总之，教师的创造才能是名师须臾不可或缺的才能，就如英特尔公司事务部主任特拉西·库恩所说，"英特尔的芯片仅用两种原料沙子（硅来自于沙子）和脑子。"没有脑子，沙子没有任何意义。在市场化、城市化、国际化、现代化"新四化"的挑战面前，今天的教师，眼里必须有国际的视野，胸中必须有国内的全局，能够不断获得并善于传播新知识，能够不断形成并善于传播新见解，"授人以渔"而非"授人以鱼"，这些都需要想象与创造。

（二）教师才干的形成过程就是教师的职业幸福过程

目前，关注教师才干形成过程比较成熟的教师专业发展阶段理论分为职前"教师"的专业发展阶段理论和在职教师的专业发展阶段理论。

职前"教师"的专业发展阶段理论包括富勒和鲍恩（Fuller，F.&Bown O.）的教师关注阶段理论、卡鲁索（Carus0，J.）的教师发展阶段理论、亚格尔和默腾斯（Yarger，S.&Mertens，S.）的教师发展阶段理论、萨克斯和哈林顿（Sacks，s.&Harrington，G.N.）的教师发展阶段理论。在职教师的专业发展阶段理论包括卡茨（Katz，L）的教师专业发展阶段理论、伯登（Burden，P.R）的教师专业发展阶段理论、彼德森（Peterson，A）的教师专业发展阶段理论、麦克唐纳（McDonald，F）的教师专业发展阶段理论、斯特菲（Steffy，B）的教师专业发展阶段理论和休伯曼等人的教师专业发展阶段理论——教师职业生活周期论。

在众多的教师专业发展阶段理论中，我国教育家叶澜、白益民、陶志琼等提出的教师"自我更新"理论更切合中国的实际，对研究名师的职业幸福具有重要的参考价值。

第一，依据叶澜"自我更新"取向教师专业发展阶段理论，一个普通教师的职业生涯由五阶段构成，即一个普通教师的职业生涯由"非关注"阶段、"虚拟关注"阶段、"生存关注"阶段、"任务关注"阶段、"自我更新关注"阶段构成。当然，如果一位教师的专业发展在某一阶段停滞，则该教师专业发展的最高阶段可能就处在"生存关注"阶段或"任务关注"阶段，而上升不到"自我更新关注"阶段。

第二，考虑到教师职业生涯后期主要从事教师培训工作，教师的职业生涯由六阶段构成，即由"非关注"阶段、"虚拟关注"阶段、"生存关注"阶段、"任务关注"阶段、"自我更新关注"阶段、"传承关注"阶段构成。

第三，教师"关注"的主题是学会认知、学会教育、学会共同生活、学会生存。学会认知、学会做事、学会共同生活、学会生存是雅克·德洛尔（Jacques Dolors）1996年提出的在学习化社会终身教育的四个支柱。基于教师的专业，其终身教育的四个支柱略有特殊性。教师的学会认知在于，教师不仅要学习掌握广泛的普通知识，而且要深入研究学科专业知识和教育专业知识。

教师的学会做事在于学会教育，教师应学会有效地将专业知识应用于教育教学实践，以便有效应付各种教育情景。教师的学会共同生活在于，教师能够尊重多元性，坚持平等性，管理冲突，相互理解，共同生活。教师的学会生存在于，名师在发展自己的专业人格、增强自己的专业自主、提升自己的专业判断、理解自己的教育责任的前提下，充分实现自己的潜力；不断提升自己的身体活力和记忆能力、思维能力、审美能力、交往能力，以便获取更好的生存与发展的机会。

总之，教师才干的形成过程，从专业发展的角度看大致分为"非关注"教育职业的学习期（基础教育阶段）、"虚拟关注"教育职业的学习期（师范学习阶段）、"生存关注"教育职业期（新任教师阶段）、"任务关注"教育职业期（合格教师阶段）、"自我更新关注"教育职业期（名师阶段）、"传承关注"教育职业期（名师淡出阶段）。

1.教师的"非关注"阶段即名师的正式教师教育之前的时期

第一，名师的"非关注"阶段约在名师的17岁之前的时期。根据目前我国的学制，考虑中等师范和高等师范仍然存在的现实，"非关注"阶段在17岁之前还是可信的，具体情况见表4-3。

第二，"非关注"阶段的个体无意识中以非教师职业定向的形式形成了较稳固的教育信念，具备了一些"直觉式"的"前科学"知识与教师专业能力密切相关的一般能力。

第三，名师的"非关注"阶段即名师的基础教育阶段。此时，作为主体的个人尚处于教师教育之前的学生阶段（preeducation student），处于这一阶段的学生对教育教学职业有些大众化的了解，但尚未正式投入教育职业。

第四，按我国传统文化理解，"非关注"阶段的个体处于小人阶段。此时的个人处于启了蒙、开了智的小人阶段，虽然读了书，但还不能称为读书人的阶段，从整体看，其知识技能的素养尚未达到士人阶段。

在"非关注"阶段即在正式的大学教师教育之前的时期，名师形成了如下的特殊教育教学能力：对教学内容的处理能力达18.95%，运用教学方法和手段的能力达21.65%，教学组织和管理能力达19.59%，语言表达能力达34.69%，教学科研能力达 18.18%，教育机智达 19.19%，与学生交往能力达 21.43%。在此阶段，名师平均形成了约 21.95%的特殊教育教学能力。在我国的特殊时期，例如，"文化大革命"后的教育恢复时期，由于师资匮乏，高中毕业生，甚至初中毕业生就走上了讲台，成为一名教师。在特殊时期，这是可能的，也是必要的，因为这些教师已经形成了约 21.95%的特殊教育教学能力。只能说这些教师是低水平的教师，这些教育也是低水平的教育，但是，只要这些教师在教育实践中不断学习，就可以不断成长为合格教师甚至成长为名师，一样地可以享受并体验到教育职业的幸福，我国新时期的教育家魏书生就是一个鲜活的事例。

2.教师的"虚拟关注"阶段即教师的师范学习阶段

该阶段的主体约为 17～21 岁，开始思考合格教师的要求，在虚拟的教学环境中获得一些教育教学经验，学习教育理论，训练教育技能，计划自我的专业发展。

在教师的"虚拟关注"教育职业的学习期（师范学习阶段），作为主体的个人处于师范生阶段（the education student），他们已经明确决定将来从事教育教学职业并正为之做充分准备。

在此阶段，他们逐渐具备了作为教师所要求的基本知识技能等素养。依据目前我国尚存的三级师范格局，此阶段的师范生，有些是中等师范生，有些是大专师范生，还有些是本科师范生。随着我国教育专业地位的逐渐被认同，对教师的学历要求不断提高，我国由三级师范向二级师范过渡，此阶段的师范生有向大专师范生、本科师范生过渡的倾向。教师的师范生阶段又包括理论学习阶段和实习阶段。

按我国传统文化理解，处于"虚拟关注"教育职业的学习期即师范学习阶段的个人处于士人阶段。他们已开了智、养了德、长了才、习了能，可以胜任教育教学工作了。如果考虑"非关注"阶段即基础教育阶段已经形成的特殊教育教学能力，那么教师在"虚拟关注"阶段即在师范大学学习阶段一共形成了如下的特殊教育教学能力：对教学内容的处理能力达 31.58%，运用教学方法和手段的能力达 34.02%，教学组织和管理能力达 30.93%，语言表达能力达

55.10%，教学科研能力 29.29%，教育机智达 30.30%，与学生的交往能力达 31.64%。在此阶段，教师平均形成了约 34.69%的特殊教育教学能力，他们可以名正言顺地登上三尺讲台了。

表4-3教师的"虚拟关注"阶段

姓名	"非关注"阶段即基础教育阶段	"虚拟关注"阶段即师范学习阶段	"生存关注"阶段即新任教师阶段	"任务关注"阶段即合格教师阶段	"自我更新"阶段即名师阶段
魏书生	13之前	13~28	28~29	29~31	31~
李吉林	15之前	15~18	18~28	28~40	40~
李镇西	19之前	19~24	24~29	29~36	36~
顾泠沅	18之前	18~23	23~33	33~42	42~
张思明	15之前	15~18	18~24	24~40	40~
张化万	15之前	15~18	18~33	33~41	41~
李烈	约16之前	16~19	19~21	21~36	36~
刘京海	22之前	22~24	24~33	33~38	38~
李希贵	约17之前	17~21	21~24	24~31	31~
唐盛昌	16之前	16~20	20~26	26~42	42~
廖文胜	16之前	16~19	19~21	21~24	24~
杨瑞清	18之前	18~21	21~26	26~30	30~
平均年龄（岁）	约17之前	约17~21	约21~27	约27~30	约36~

3.教师的"生存关注"阶段即新任教师阶段

该阶段的主体约为 21～27 岁，他们在"现实的冲击"下，产生了强烈的自我专业发展的忧患意识，特别关注专业活动中的"生存"技能，专业发展集中在专业态度和动机方面。在教师的"生存关注"教育职业期（新任教师阶段），作为主体的教师大致处于20～25岁阶段，从工作的年限看，大致指教师工作1～3年的阶段。在此阶段，教师的效能感低下，他们关注学科教育教学却又感到没有多少专业见解，缺乏信心而且不愿意尝试新的方法，他们也充满工作热情，力图在三尺讲台生存下来。

按我国传统文化理解，处于"生存关注"教育职业期（新任教师阶段）的个人仍然属于士人阶段，他们虽然已开了智、养了德、长了才、习了能，可以登上三尺讲台了，但是，他们在从事教育教学工作中还处于极不自由的状态。

工作一两年的新教师，其职业幸福源于对学生真诚的爱与关心。陈爱华的调研发现：刚参加工作的新教师，显得有些迷惘和压抑，原有的理论知识和基本功得不到施展；慢慢地，他们参与一些活动及接受教学任务，逐步地有了信心，看到了自己的潜力，在实践中也能大刀阔斧并更好地结合教育理论来开展工作，进步很快。在与学生的交往中，他们给予孩子爱时很投入，孩子也以一份真诚的爱来回报老师，这是他们在工作中体验到幸福的重要原因。有的新教师说："我们给孩子安排活动，带给他们一点惊喜，他们会反馈给我们更多的惊喜。我参与了他们的成长，分享了他们的喜怒哀乐。以前，我总以为当老师是一个很好很轻松的工作，但是当自己走上教师这一神圣的舞台时，我忽然觉出了肩膀上的那份沉重，那是在面对一张张求知的面孔、一双双真挚的眼睛、一声声快乐真诚的问候时油然而生的责任感。我努力地付出，把自己知道的一切都想给孩子们，只为能在每天清晨听到他们甜甜的问候。"这部分老师在所有老师中所占的比例并不是很大，但每个老师都是从新教师走过来的。"老师姐姐"、"老师哥哥"的称谓令那么多年轻的老师感到幸福，令那么多曾经年轻的老师们回味起来仍是那么陶醉。陈爱华的调研调查结果显示，85%的新老师对工作充满信心，他们新奇、喜悦、热情，享受着由职业热情带来的快乐。

4.教师的"任务关注"阶段即合格教师阶段

该阶段的主体约为26～36岁，他们随着教学基本"生存"知识与技能的掌握，自信心日益增强，由关注自我生存转到更多地关注教学，由关注"我能行吗"转到关注"我怎样才能行"。

在教师的"任务关注"教育职业期（合格教师阶段），从工作的年限看，大致指教师工作 4 年至 14 年的阶段。在此阶段，教师已习惯于教师角色，已具有较高水平的教育教学的知识技能，已能较好地控制教学活动和教学环境，初步形成了自己的教育教学风格，已取得了过得去的教育教学效果。

按我国传统文化理解，处于"任务关注"教育职业期（合格教师阶段）的个人属于由士人向君子过渡的阶段。他们"行己有耻，使于四方"，"不辱君命"，"宗族称孝，乡党称弟"，"言必信，行必果"。他们虽然已是合格教师，可以做主于三尺讲台，但是，他们也还仅仅是低水平的合格教师而已，甚至可能是合格的教书匠而已。处于合格阶段的教师，无论在伦理方面还是在专业方面，都有待于更上一层楼。

工作 3 至 5 年的教师，其职业幸福源于自己观念的改变。陈爱华调查结果显示：这一年龄段的教师 65％认为工作很"心"苦，苦的原因有天天进课堂，却不能对教学有理解和探索；天天面对学生，却不能成为学生心灵的导师；天天面对同一教育活动，却不能创造性地设计；天天面对困惑，却习以为常，甚至麻木，不能思考和解决。正因为这样，工作成了年复一年、日复一日的机械劳动，成了苦差事。但也有部分老师始终认为，工作是快乐的，每天都有新的发现，每天都有新的提高。值得思考的问题是：为什么面对同样的教育对象，有的老师能从学生身上获得幸福感，有的老师获得的却是苦恼呢？其主要原因在于老师如何看待学生、如何与学生交往。一些此阶段的教师说："其实是看你用怎样的心情去面对工作。保持快乐的心情，小朋友的童言童行其实都是很可爱的，有时他们会带给你意想不到的感动和惊喜。""成为孩子喜欢的老师，是我的职业追求。几年来，我一直很快乐，每天我都能从孩子们的笑容中感到充实。""我刚参加工作时，对教育工作比较陌生，有时有不适应的感觉，但我得到了领导和同事的帮助，现在我感到工作起来特别顺。"工作 3 至 5 年的老师，是学校的中坚力量，他们渐渐地学会了思考，职业技能逐步提高，感受着由适应、激情、拼劲、成长带来的快乐，但他们仍然要有好的指引，以便朝着正确的方向发展。

工作 5 至 10 年的教师，其职业幸福源于自己和学生的成长。陈爱华的调研发现：当上爸爸或妈妈的老师，对学生的爱又有了一种更新的体验——以欣赏的心态看待学生的言行，生活里做学生的母亲，游戏中做学生的伙伴，精神上做学生的朋友，困难前做学生的导师，为学生营造出一个轻松、愉快的学习氛围。对该年龄段教师的调查发现，90％的教师都非常热爱教育工作，认为自己能胜任工作。"刚参加工作时，目标是适应工作环节，在业务上尽快提高；现在工作年限长了，积累了一些经验，目标就是希望自己的工作方方面面更加成熟，善于总结、反思。""我的职业目标不断地发生着变化，刚开始时是把课上好，后来是把每个孩子照顾好，现在是把每个孩子教育好。"而对教育工作缺乏热情的教师中有 33％的人觉得工作有点力不从心，有 11.5％的人觉得工作很吃力。他们认为现在学生教师面临的压力很大，工作、家庭以及应付各种检查，忙得不可开交，哪有更多的精力去研究学生心理，更好地去与学生交朋友，更好地制定出每个学生的发展计划呢？对学生教师来说，教学中的幸福感、成就感表现为两个方面：自己的成长与进步及学生的成长与进步。后者更能给教师带来满足和幸福。看着学生的成长与进步，教师会体验到自身力量的增长，而且这种体验本身伴随着幸福。这一年龄段的教师，年龄在 30 岁左右，处在人生最美好的时段，事业也逐渐成熟，经过矫正、雕琢、培养，他们的职业能力逐渐增强，他们为自己的不断成长感到高兴。

5.教师的"自我更新关注"阶段即名师的阶段

该阶段的主体约为 36～55 岁（女）、36～60 岁（男），个别特别优秀的名师会超过 55 岁（女）、60 岁（男）退休，他们已不再受外部或职业升迁的牵制，自觉依照教师发展的一般路线和自己目前的发展条件，有意识地自我规划，谋求最大限度地发展自我潜能，关注学生的整体发展，积累了比较科学的个人实践知识。

名师即专业性发展达到成熟的教师。名师成名的时期大约 36 岁，但是，不同层次名师的成名时间是不一样的，层次越低的名师成名的时间越早，层次越高的名师成名的时间越晚。随着现代教育技术的发展并被广泛运用于教育教学，教育越来越开放且教师成名的机会越来越多，同一层次的名师成名的时间越来越早，名师的年龄越来越年轻，少数教师在"任务关注"阶段即 26～36 岁就可成为一定范围的名优教师。由这一部分教师成长起来的名师，即教育思想先进、教育手段独特、教育业绩卓越、教育英名远扬的杰出教师。

按我国传统文化理解，处于"自我更新关注"教育职业期（名师阶段）的个人属于君子阶段，他们不再处于教育教学的自为状态，而是对自己的教育教学有了自觉；他们对自己的教育教学有了发言权，已在一定范围成了名师；他们具有心胸开阔、自强不息、容人之量、成人之美的品德，他们"穷则独善其身，达则兼济天下"，是民族教育的脊梁。

根据我国传统文化的认识，教师中的少数人，他们既有才德又有声望，他们是教师中的贤人。而教师中的极少数超凡脱俗、追求未来、不辞艰辛、牺牲自我的人，则是教师中的圣人，古代的孔子、近现代的陶行知、当代的李吉林就是他们的典型代表。

工作 10 年以上的教师，其职业幸福源于工作中获得的发展和对教育事业的不懈追求。陈爱华调研后指出这一阶段的教师一般家庭稳定，工作也有了一定的成就，形成了自己的职业特长。那些对工作总是充满热情，并有强烈职业自豪感的教师，75.3％是因为他们在某一学科的教学方面形成了自己的教学特长，有些教师不仅在本校、本地，而且在全省甚至全国也有自己的优势；有些教师则在学生教育研究方面有自己的特长，论文经常获奖或发表。这些教师在实践中形成了自己的职业特长，在校内外的作用不可替代，工作的自豪感也就自然而然地产生了。只有形成了职业特长，才会在竞争中找到自己的位置，工作起来才会有成就感、优越感；也只有这样，工作中的"苦"才会真正变成乐，工作才会有源源不断的内在动力。很多老师愿意在这平凡的岗位上奉献一辈子，不为名利，潜心教育。一些属于此阶段的教师说："我觉得作为老师，同时也是一名母亲，我很幸福。我在教科研方面也取得了一定的成绩。""我觉得学生教育是个美丽的职业。我的追求是在'以关怀孩子的健康成长为己任'的过程中，营造愉快，体会幸福，磨炼意志。""用耐心、细心、爱心对待每一个学生，让我成为他们难忘的启蒙老师。"工作 10 年以上的老师，他们的发展是在多年的与学生的互动中、与家长和同事的交流中、对教育理论的学习和研究中、对自己教育行为的反思中获得的。这种发展不仅意味着教育能力的增强，还意味着个人整体的成长。发展本身能带给人幸福，因为发展是生命的本质。作为教师，自我价值的实现是最高层次的目标，其产生的工作动力和幸福感远比工资、福利等外在的激励要深刻和持久。

6.教师的"传承关注"阶段即名师的淡出阶段

许多著名的教师专业发展阶段理论没有研究这一阶段名师的专业发展情况。

教师的"传承关注"阶段，其职业幸福源于总结并传承自己的教育教学经验，在于对年轻新秀的传帮带工作。人生三不朽在于立德、立功、立言，名师在淡出阶段，大致指教师55岁至退休的阶段，其一线教育教学任务有所减少，其主要职责在于总结并传承自己的教育教学经验，在于对年轻新秀的传帮带工作，从而进一步实现立德、立功、立言三不朽目标，在实现三不朽目标过程中体验职业幸福。

教师专业素养的形成和充实贯穿该教师整个职业生涯甚至贯穿该教师整个生命历程。陈爱华的调查结论认为，在这个过程中，学生的进步和成长与教师的进步和成长戚戚相关，很难设想，一个不追求进步和成长的老师，能够创造性地促进学生的进步和成长；一个自己生活得不快乐不幸福的老师，能够给孩子带来快乐和幸福。苏联早期领导人、教育家加里宁说得好："即令先前住过学校的那些教师此刻也不应当放过机会。知识是必须补充的。当教师的人不仅是教师，同时也是学生。""同志们，既然你们今天、明天、后天都得把你们所有的一切都贡献出去，但同时你们如果不日新月异地补充自己的知识、力量和精力，那你们就连什么也不会留下来了。所以，教师们一方面要献出自己的东西，另一方面又要像海绵一样，从人民中、生活中和科学中吸收一切优良的东西，然后再把这些优良的东西贡献给学生。"教师应该把专业成长作为自身自觉的追求，不断丰富自己的专业知识和专业技能，在工作中始终保持这份职业的幸福感，并使之不断升华。

总之，教师才干的形成过程，始于教师的职前培养，充实于教师的教育实践和终生学习，贯穿于教师整个职业生涯，甚至贯穿于教师整个生命历程。我国历史上最著名的教师——孔子说："吾十有五而志于学，三十而立，四十而不惑，五十而知天命，六十而耳顺，七十而从心所欲，不踰矩。"这句话充分反映了教师才华的形成和充实过程伴随其终生的事实，反映了教师在不同的人生阶段具有不同的职业幸福的现实。

四、教师在专业实践中增进职业幸福

教师的职业幸福不是自然实现的，它依赖于教师的教育创造力，需要教师自己去发现、去感受、去创造、去享受。教师社会化的过程不是一蹴而就的过程，而是一个终身学习的过程。随着教师年龄的增长，教师的专业素养也不断增加，在公正的社会，教师的职业幸福也将不断增多。

（一）教师在持续学习的道路上长才习能

教师职后持续学习的意义在于不断充实其专业素养。教师的知识技能等才华始于教师的职前培养、充实于教师在教育教学实践中和在学习型组织里的持续学习。

优秀教师对教学内容的处理能力的 68.42％、运用教学方法和手段的能力的 65.98％、教学组织和管理能力的 69.08％、语言表达能力的 44.90％、教学科研能力的 70.71％、教育机智的 69.70％、与学生交往能力的 68.37％是通过职后学习获得的。教师入职时大约 21 岁，而成名时大约 36 岁，入职后大约 15 年成为名师，在这段时间里教师们也仅能获得职后特殊能力的一小部分，还有大部分的特殊能力要在成名后获得。教师人格的再塑造也是这样，即教师成名后，其人格的完善过程仍在继续。相关情况见表 4-4。

表4-4优秀教师各种特殊能力形成的时间的分布表

各种特殊能力	大学前%	大学期间%	职后%
对教学内容的处理能力	18.95	12.63	68.42
运用教学方法和手段的能力	21.65	12.37	65.98
教学组织和管理能力	19.59	11.34	69.08

语言表达能力	34.69	20.41	44.90
教学科研能力	18.18	11.11	70.71
教育机智	19.19	11.11	69.70
与学生交往能力	21.43	10.21	68.37
平均	21.95	12.74	36.31

（二）教师在专业发展的道路上长才习能

美国教育家巴格莱认为，教师的功能极为专门：教师在设计教学和活动教学过程中的指导功能；以正确的直接的口头语言讲解授课的功能；启发学生的生活热情与加深学生理解生活意义的功能；发现"天赋"学生的功能；发挥自己"人格魅力"感染学生将来投入其所从事的事业的功能；发挥自己在精神卫生学方面的才能以治疗心理损伤和心理障碍学生的功能。

关于专业化的教师和非专业化的教师所发挥的不同教育作用，巴格莱说："如果教学内容基本是应用科学，而教师又受过这种技术学的'专业教育'，他一般要超过同样层次水平工作的其他人。""一般而言，尽管不总是如此，不太优秀的教师无论其教学科目是心理学、教育学、拉丁文、化学、艺术、服装制造，或是其他的什么学科，他们的普遍缺陷是缺乏对学生有感染力的热情，缺少在对学生存在的困难同情理解方面我们所称的'敏感'的特征，缺乏对自己从事的学科的真诚热爱和鉴赏能力，因而也没有强烈的欲望去唤起别人对该学科的了解、热爱与欣赏。"

在我国的习惯思维中，医生从事的是专业工作，律师从事的是专业工作，教师从事的不是专业工作，而且，我国现实也一度广泛存在那种没有相应学历、没有相应文化、没有职业道德的人在从事教育教学工作的状况。教育是否是一门专业，在我国人们的心中还没有一致的答案。然而，无论我国今天的人们是否承认教师的专业地位，我国今天所推行的素质教育尤其需要专业化的教师，这是毋庸置疑的，正如陈独秀所说："教员不在多，只在其有没有教授的方法与精神。一有新方法、新精神，就一定可以得新教育，造就新人才矣！"

第一，教师专业发展是我国推进素质教育的迫切需求。全面推进素质教育要求全面推进教师专业发展。《中共中央、国务院关于深化教育改革全面推进素质教育的决定》将素质教育理念化与政策化。素质教育的实质是全面贯彻国家的教育方针，目标是面向全体学生，提高学生的全面素质，核心是加强德育，重点是提高学生的创新精神和实践能力。全面推进素质教育，提高全民族素质和培养优秀人才，是国家意志在教育工作中的体现，也是人的全面发展要求在教育工作中的体现。

我国在新的历史起点上应坚定不移地深入推进素质教育，为社会主义现代化建设提供更加有力的人力支持。转变经济增长方式，调整产业结构，增强自主创新能力，建设社会主义新农村，需要培养更多的创造性人才和技能型人才，需要素质教育；建立社会主义和谐社会，为每个人提供公平的发展机会需要素质教育；应对国际竞争的新挑战，提升国家的竞争力需要素质教育。

今天，我国在推进素质教育方面值得注意的问题很多。首先，我国素质教育的理论研究不足。其次，我国全面推进素质教育的导向和统筹协调不足。在导向方面，我国的党政导向、舆论导向和社会导向坚持素质教育方向不足；在统筹协调方面，我国的素质教育政策与我国的劳动人事制度、考试选拔制度、办学体制、学校评价制度统筹协调不足。再次，我国深化学校教育改革和全面提高素质教育的成效不足。由于教师素质是素质教育水平的决定性因素，只有有效提升教师素质才能提高我国教师进行素质教育的自觉性和水平，因此，上述问题可以归结为，名优师资资源不足，教师素质水平的提高赶不上教育规模的扩大。当前，关于深入推进素质教育，完善理论是基础，健全体制是保障，教育质量是检验，教师素质是关键。

第二，专业发展是我国教师教育改革的主流课题。我国在夏朝、商朝和西周，教育尚处于萌芽阶段，从阶级性看，学在官府，因此，其教师乃非专业教师，而是官师合一：教师由官吏兼任，官职乃教职的前提；政府包揽教师选聘权；教师尚无专业精神可言。

我国的春秋战国时期，随着周天子大权旁落，集权崩塌，官学失修，学向四夷，养士用士，私学勃兴，专职教师开始出现。为师不以官职为限，我国教师专业化始得肇基，孔子乃我国最早的专业化教师。

我国秦朝再次推行"政教合一"政策,以吏为师,焚毁书经,坑杀儒生,大开"教师专业化"的倒车,教育成了权势的俾女。

我国汉朝罢黜百家,独尊儒术,私学复兴,官学发展。在教育者方面,太学设置五经博士并遴选德行、学识、经历、身体俱佳者的名流充任的五经博士为师。在教育措施方面,汉朝推行劳赐和视学政策。劳赐即统治者赐给师生酒肉或实物以激励师生教育与学习的积极性;视学即皇帝亲临太学或指定要员到太学视察工作,甚至召集五经博士给生员及同行的文武大臣讲经。汉朝五经博士的设置、劳赐视学措施的推行,极大地推动了我国教师专业化发展。

我国隋唐时期,随着科举取士制度的被采用,以及韩愈不朽著作《师说》的发表,极大地促进了我国教师的专业发展。这一时期,教师"传道、受业、解惑"的专业职能、"道之所存,师之所存"的专业标准、"闻道有先后、术业有专攻"的专业精神逐渐被确立。

我国两宋时期,随着书院制度的确立,自由讲学、研讨学术成为时尚,教师的专业发展达到我国古代的高峰。

我国的元、明、清时期,是我国的农业文明由僵滞、衰败导致落后的时期,鲜有理论创新,教师的专业发展也停滞不前。

我国完整意义上的教师专业化起始于1902年京师大学堂师范馆的设立,至今教师教育已经走完一百年的历程。但因在旧中国时期受封建制度的约束、在新中国时期受缺乏社会主义教育经验和"文化大革命"极"左"思想的影响,从总体上看,我国今天教师的专业化水平仍然很低。教育职业具有专业化的一切特征。国际上职业的专业化一般有6个标准,它们依次为:专门知识;有较长时期的专业训练;专门的职业道德;有自主权,能根据自己专业进行判断和决策;有组织,如行会组织、学会组织等,有行业自身实行监督控制的约束;要终身学习。教育职业具有专业化的一切特征,因此,教师是一种专业职业。教师职业的专业性体现在有国家教师的学历标准、教师必备的教育知识和教育能力、教师职业道德的要求、严格的教师资格管理和制度等。教师这个职业还具有不可替代性,不是任何一个人都可以作为教师的。

世俗观念一般承认教师的学科专业定位,但是轻视教师的教育专业定位。

轻视教师的教育专业素质、专业知识、专业能力和创新能力，则教师的专业性就大打折扣。许多人，他可以是很好的专家，但却不是很好的教育家，其原因就在于他不懂教育，没有教育专业能力。

1966年，世界劳工组织和联合国教科文组织联合发布了《关于教师地位的建议》，该决议指出，"教书应被视为一种专门职业：它是一种公众服务的形态，它需要教师的专业知识以及特殊技能，这些都要经过持续的努力与研究，才能获得并维持。此外，它需要从事者对于学童的教育及其福祉，产生一种个人的以及团体的责任感。"此后，联合国教科文组织的重要文献《学会生存》早在20世纪70年代就指出，加快教师专业化的进程是提高教师质量的成功策略。20世纪80年代以来，教师专业化形成了世界性的潮流，极大地推动了许多国家教师教育新理念和新制度的建立。1986年，美国的卡内基工作小组、霍姆斯小组相继发表《国家为培养21世纪的教师作准备》、《明天的教师》两个重要报告，同时提出以教师的专业性作为教师教育改革和教师职业发展的目标。1989—1992年，经济合作与发展组织（OECD）相继发表了一系列有关教师及教师专业化改革的研究报告，如《教师培训》《教师质量》《学校质量》《今日之教师》等。1996年，联合国教科文组织召开的第45届国际教育大会上对教师专业化达成了一致认识，提出"在提高教师地位的整体政策中，专业化是最有前途的中长期策略"。

教师专业发展自20世纪80年代被再次提出以来，经过20多年的理论研究和实践探索，已经发展成为当今教师教育改革的主流课题。

培养新教师的教育制度的改革是提高教师专业化水平的基础。教师的专业持续发展是教师专业化的保证。教师应当从一劳永逸的静态专业发展观转变为终身学习的可持续的专业发展观。教师是成长过程中的人，教师专业化是知识的持续更新与重构、职业情感与道德的发展、教育策略调适能力的不断提高和教育行为的长期修炼的过程。

在专业成长过程中，教师应当充分认识到自身专业发展的空间是无限的：成熟是相对的，而发展是绝对的。专业发展内涵也是多层面、多领域的。因此，教师应当树立专业可持续发展意识，让自己步入持续的专业发展的轨道。

在计算机网络时代，教师专业呈现多样化趋势，或者说，其"传道、受业、解惑"的内涵发展了、增多了，这主要表现在：编制计算机教学软件，鉴别各类电子课程资源，在国家课程方案下开发校本课程，给学生提供跨课程学习资源，通过计算机网络与学科前沿保持联系，通过计算机网络发展学生的兴趣特长，通过计算机网络给予社会更多的教育咨询和指导，促成学生愉快学习，对学生及班级情况进行科学的评价，在真正的意义上促进学生个性发展等。由于信息时代的到来和发展，教师的专业持续发展不可避免。关于教师的专业持续发展方法，法国法兰西学院 1985 年提出建议："教师的职业是一种艰巨的职业，教师只有以满腔热情和坚定的信心工作，才能使这一职业振奋人心，并获得成功。各级各类教师必须定期走出学校，参加实验室的工作，或到企业工厂实习，或以其他各种形式参加再培训。只有这样，才能避免教师在心理上和方法上的衰退落后现象，才能保证学校自治权利的发挥。"这种方法在本质上是"一切国家机构都应当为已经就业的人提供再培训的新机会"在教育领域的落实。

我国的教育行政部门，不仅有责任关注教师的专业化进程，而且还应当重视现有的教师教育的制度创新，使政府主导的教师专业发展制度创新、学校自主的教师专业发展制度创新、教师自治的教育实践中的教师专业发展制度创新协调一致，形成教师专业发展的制度创新体系，推动教师专业可持续发展。

第三，教师专业发展拒绝以非科学方式思考教育问题。教育与医学、法律等职业相比，相对开放和易于理解，这就造成一种假象，似乎教育不是一个专门职业。更严重的后果在于，许多教师也这么认识。他们错误地寻求专业以外的人们的接受、赏识和认可，他们会因为外行人的赏识而高兴，也会因为外行人的意见而焦虑，甚至被外行人的意见弄得心烦意乱，从而成长为受外行人的教或学的观念指导的教师。而外行人的教或学的观念又几乎完全是非科学的，因此，这些教师也就自然成长为以非科学的教或学的观念思考教育问题的教师。这种教师即便在短期内因迎合了外行人的意见而成为"名师"，这种教师也不是我们的事业所需要的教师，从长远看，也是注定要失败的教师。我们需要的是听取专业同事和其他专业人员意见并被他们认可的教师，就如真正的其他专业工作者一样。

（三）教师在以人为本的服务中长才习能

《学记》称"教学相长"，即教师从事教育这一服务性工作的过程，也是自己专业学习的过程，也是自己专业素养和专业技能提高的过程。教师不仅仅是蜡烛，也是源头活水；他们并非只是付出，他们也有收获；他们并非原地踏步，他们也可不断上升。

第一，教师专业发展的目标在于为全体学生的全面发展服务。胡锦涛总书记提出，我国必须坚持以人为本的发展理念，始终把最广大人民的根本利益作为党和国家工作的根本出发点和落脚点，在经济发展的基础上不断满足人民群众日益增长的物质文化需要，促进人的全面发展。因此，我国今天必须坚定不移地坚持以人为本、面向全体学生、为全体学生发展服务的教师专业发展理念。教师可以通过多种学习渠道获取知识，增长才干，但只有通过为学生发展服务的实践，才能够将其知识和才干内化为教师的专业素质，防止脱离服务学生的实践谈教师发展。教师的学习成果应当更多地融合到教育实践之中，教师的专业发展应当建立在了解学生，有针对性地进行教育活动的过程之中，教师的才华应当更多地展现在面对学生的活动之中，教师的成就应当更多地体现在学生的成长之中。因此，我们必须坚持教师专业发展的服务性。

第二，我们必须将教师的发展与学生的发展统一起来。传统的学校教育突出了教师在教育活动中的中心地位，突出了师道尊严，突出了教师的社会责任和道义责任，但在实践层面往往忽视了教师的专业发展，忽视了教师自身的教育追求和学术水平的提高。事实上，学校是教师和学生共同发展的地方，教师的发展与学生的发展永远是一个不可分割的统一体，学生是教师智慧生长的基础，教师在促进学生发展的过程中，使自身的智慧得到展现和提升，从而实现自我价值。学校应当为教师搭建创造工作成就和享受工作快乐的平台，必须坚持教师专业发展的人文性。

第三，我们必须防止教师培养过程中的形式主义倾向。首先，我们应制定科学的教师专业发展规划，防止以数量冲淡质量的错误意识。其次，我们应积极预防将培养名师的扎实工作变成造星运动。通过大量的宣传可以使教师出名，但是，出名的教师不等于名师，名师最重要的条件是在长期与学生、家长和社会的互动过程中，提供的优质服务获得了广泛的高度的信任。再次，我们应重视基于教师整体素质提高的常态教学研究，防止将教学研究表演化和看点化。最后，我们应正确发挥评价的导向作用，防止将教学评价评比化，我们应积极开展对教育评价的再评价。总之，我们必须坚持教师专业发展的务实性。

（四）教师在教育研究的过程中长才习能

教师职后的个体自主研究是教师长才习能的最主要的途径。

第一，只有作为研究者，教师才能不愧于教书育人这一神圣职业。只有作为研究者，教师才能不断更新其过时的教育理念，进而提升其职业幸福感。法国启蒙思想家孟德斯鸠说过，要是君主制的原则是荣誉，暴政的原则是恐怖，共和国的原则便是教育。斯科特·布坎南（Scott Buchanan）也认为："一个共和国，一个真正的共和国，只有运用智慧才能维持正义、和平、自由和秩序……被统治者的每一个同意的行为乃是学习的产物。一个共和国实在是前进中的共同的教育生活。"

教育又是什么呢？西方"永恒主义"教育流派的代表人物之一、美国教育家赫钦斯（Robert Maynard Hutchins）说："教育就是帮助学生学会自己思考，做出独立的判断，并作为一个负责的公民参加工作。"教育的目的不仅仅是适应环境，"认为教育的目的在于使青年一代适应他们的环境，不管这环境是好的还是坏的。这是可悲的。""教育的目的是改善人……人是理性的、道德的和精神的生物，所谓改善人，意味着他们理性、道德和精神力量的最充分的发展。"改善人的教育目的唯有"自由教育"才能做到，"自由教育"即适用于自由人的教育，而不是在学校里"由过了时的教师，用过了时的机械来训练学生"。教师只有不断进行职后自主研究，不断更新其过时的教育理念，才能够实施"自由教育"。

教师不可能永远拥有同一水平的幸福，教师的幸福感是变化的、动态的。其客观原因在于教师受时代、教育对象、家长和社会的制约，其主观原因在于教师的理智是变化的、动态的。赫钦斯说："人是理性的动物，他们利用理智得到现世的幸福，这意味着他们必须终生利用理智。"而人的理智会随着其学习状况的不同而发生不同的变化。教师的理智与教师的教育理念尤其会随着教师的深入学习而不断提高。教育理念是在教师理性指导下的教育观念。科学的教育理念是正确获得教师幸福的先导和支撑。教师只有正确认识和对待传统与现代、国内与国外的各种教育思想，彻底转变过时的、陈腐的教育观念，树立与时代发展和社会主义现代化建设要求相适应的人才观、教育观、教学观、学生观和质量观，才能建立起与社会发展相一致的开放的、创新的、人性化的教育理念，不断地探索新的教学艺术，创新教育方式，营造一种宽松、自由、民主的教学环境，从而最大限度地调动起学生的积极性、主动性，才能为教师幸福的实现奠定良好的基础和保证。

没有深入的教育研究，哪怕是名师，他们也不能很好地适应变化了的教育情境。时代在不断变化，人们的教育观念也在不断变化。比如说，过去，家长比较关注的是"严师"、"传道授业"和"师道尊严"，而今天，许多家长转为关注孩子身心和谐的健康成长。这就要求教师必须调整自己的教育理念和自己的角色定位，强化服务意识，以"让学生满意、让家长放心、让社会赞誉"为目标，以精湛的教学艺术，以优质的教育服务，以高尚的人格魅力，赢得学生和家长的感动与尊重。在这种感动、理解、尊重、信任中，教师才会感悟到自己的价值，享受到作为教师的职业幸福。

第二，作为研究者，教师乐于职后自主研究。教师乐于职后自主研究的情况从重庆市首批高校"学科带头人"候选人的学术成果可见一斑。重庆市首批高校"学科带头人"候选人，截至 2007 年 12 月底，共发表论文 422 篇，平均每人发表约 9 篇学术论文；独著或合著著作共 210 部，平均每人独著或合著著作约 5 部；主持或主研科研课题共 51 个，平均每人主持或主研科研课题约 1 个。该学术成果反映出，教师是乐于职后自主研究的研究者。

第三，只有善于研究，教师才能不愧于教书育人这一神圣职业。英国埃克赛特大学的教育学教授理查德·普林格（RichardPfing）说，"教师是研究人员"，其本意是说，教师是积极从事校本研究的研究人员。他关心的是：世上没有两个班级是相似的，别人的经验也许有借鉴意义，但是也仅供参考而已，要搞好教学工作，教师还必须依靠自己的研究活动，谨慎地规定自己的教育目标，客观地验证哪些目标已经达到，哪些目标尚未达到，并付诸新的行动。

关于教育研究的目的，普林格说："教育研究应当关心帮助实际工作者，使他或她在实践中创立理论，更系统、严格和理智地进行思考。"

关于教育研究的过程，普林格说："在教室工作研究中有两个重要的方面：首先是小心地收集说明假设的材料，使之能付诸检验；其次，要有活动程序本身的检验。"

关于教育研究的具体检验程序，普林格提出了六点与校本教育活动有关的检验程序：师生相互影响活动的分析程序；独立参加班级教育活动的观察者的观察报告；通过录音验证每一个人对班级教育活动的解释；教育者撰写的关于班级教育活动的教学经验日记；虽然别人提供的意见需要仔细鉴别真伪，但仍然要听取别人关于班级教学活动的意见；采用"福特教学设计"提出的关于班级教育活动的教师、学生和独立观察者的"三角"测量法。因此，教师就是积极从事校本研究的研究人员，教师更是通过校本研究探索教育规律、从而取得骄人业绩的表率。综上所述，教育是一门专业，教师在专业化道路上长"才"习能，脱离了专业化，教师的素质就不可能提高，教师就不可能达到有效推进素质教育从而达到提高教育质量的目标，不可能享有职业幸福。教育也是一种服务，教师在以人为本的服务中长"才"习能，脱离了服务学生就背离了教育实践，教师就不可能实现专业化发展，教师也就不可能享有职业幸福。教师职后的个体自主学习、个体自主研究（主要为校本研究）是教师长"才"习能的最主要的途径。总之，通过不同的途径，教师提高了专业素养，树立了专业权威，这就为教师的职业幸福打下了坚实的基础。因为教育是专业工作，所以教师所从事的是极为讲究专业权威的工作，正如英国的唐尼（Meriel Downey）和凯尼（A.V.Kelly）所说："树立权威是教师能够并且应该做的事。"他们还说，"在任何教育情景中，权威都将依靠教师的品质和才能。""最重要的单个因素是个体教师的专长。"教师的才能形成名师的专业权威，教师的专业权威确保教师的专业成就，教师的专业成就成全教师的职业幸福。

第四节　教师职业幸福在于不断奋发与拼搏

教师的职业幸福依赖于名舜对党的教育事业的奋发有为和执着追求，而教师能否执着于、追求于党的教育事业则取决于教师是否有一个良好的职业心态，尤其在建立社会主义市场经济体制、在社会主义市场经济体制不完善、在缺乏一个良好的心态文化场域等条件下，教师是否拥有职业幸福更是加倍地受制于其是否有一个良好的职业心态。

教师的"力"指教师充分发挥自己教育教学主观能动性的尽力程度。日本的教育家小原国芳对教师的努力与教师的成功发表过精彩的言论："我们更需要的是那些能给学生以暗示和神火的教师。""各种做法和教法之所以也有很大的力量，实际就是教师本身的不断努力所致。第斯多惠说：'只有不断进步的人才有权利教别人。'只有不断努力、具有进步的热烈的探究精神的人才能使人灵化，迸发出感人的火花。""只有自己艰苦努力的人，才能同情别人的艰苦，鼓励别人。只有自己对某一事物亲自进行长期的研究，才能得到真正的实验资料。……同样，只有通过自己艰苦地钻研才能创造出生动活泼的教学法。"

小原国芳的言论反映出，一定的主客观条件并不必然给教师带来职业幸福，即一位教师即使有适度的教书育人的愿望，有良好的职业道德，有恰当的才华，也有良好的社会条件，该教师也不能说必然享有教书育人的职业幸福，该教师的职业幸福还缺乏"努力"这个必要条件和必要要素。

教师的职业幸福必须凭借教师的努力这个必要条件和必要要素。美国教育家 A.W.库姆斯（A.W.Combs）在批评教育错误地关注物而不关注人时说："在一个如此复杂的机构里进行真正有效的变革，只有通过促使人的变化——尤其是促使教师，即与学生接触十分密切的人的变化——才能完成。"库姆斯认为，人的行为乃人内心世界的外化，人的行为起因于"人的知觉或个人的意义，尤其在于我们对自己所持有的信念、我们发现自己所处的情境，以及我们试图实现的目的和价值。""使优秀教师成为优秀教师的，不是他们的知识和方法，而是教师对学生，对自己，对他们的目的、意图和教学任务所持的信念。不管一种改革的策略如何有前途，如果这种策略没有与教师个人的信念体系相结合，那它是不可能按照预期的方向影响行为的。"教师的内心信念促使名师的努力行为，实现教师的创造成果，达成教师的职业幸福体验。反之，教师如果缺乏内心信念，就会缺乏努力行为，进而缺乏创造成果，那么教师也会缺乏职业幸福体验。

一、教师的奋发有为是教师职业幸福的重要条件

努力是主体发挥主观能动性，充分利用良好社会条件或尽力改造社会不良条件的必要条件。努力是主体的遗传潜质变成现实才能的必要条件。

努力是主体正当的欲望变成现实的必要条件。

努力是主体良好道德外显的条件。司马迁在《报任安书》中说："盖西伯拘而演《周易》；仲尼厄而作《春秋》；屈原放逐，乃赋《离骚》；左丘失明，厥有《国语》；孙子膑脚，《兵法》修列；不韦迁蜀，世传《吕览》；韩非囚秦，《说难》、《孤愤》；《诗》三百篇，大抵圣贤发愤之所作也。"司马迁将我国历史名人之遭遇挫折、发奋努力、惊世成就、宽慰心境描写得入木三分。教师的努力是教师发挥主观能动性、充分利用良好教育条件或尽力改造不良教育条件的必要条件。没有努力，再好的教育条件也只有被荒废；没有努力，不良的教育条件永远不能被改造，教师只能一事无成，何来教师的职业幸福？

努力是教师的遗传潜质变成现实才能的必要条件。没有努力，教师再好的遗传潜质也只能被埋没；没有努力，教师不好的遗传潜质也不能被有效克服，这就是现实中许多教师天资聪颖却业绩平平、不能享有职业幸福的原因。一个遗传潜质较低而努力较大的教师与一个遗传潜质较高而努力较小的教师能获得

同等的成功和幸福，这也说明一个道理：勤能补拙。

努力是教师正当的教书育人欲望变成现实的必要条件。没有努力，教师再善良的育人欲望也不能变成现实；没有努力，教师就会任凭欲望驱使，完全可能被非正当的欲望摆布，则该教师不会拥有本该拥有的成就感和幸福感。

努力是教师良好道德外显的条件。没有努力，教师的德性不能充分展示，该教师也不会拥有职业幸福。

二、教师的奋发有为不是教师职业幸福的充分条件

"努力"受制于"才能"。努力与一般主体的幸福成正相关关系。但是，人们不能误解努力对于人们幸福的意义，它仅仅是人们职业幸福的必要条件，而不是人们职业幸福的充分条件。孙英指出："不能说，只要努力，一个人想要取得多大成就和幸福就能取得多大的成就和幸福；也不能说，只要努力，一个人想要取得什么样的成就和幸福就能取得什么样的成就和幸福，因为，一个人的才能，正如冯友兰所说，是有极限的，才能的极限是被他的天资而不是被他的努力所决定的，人的力只能发展完成人的才，而不能增益人的才。就此方面说，力为才所限制。人于他的才的极致的界限之内，努力使之完成，此之谓尽才。于他的才的极致的界限之外，他虽努力亦不能有进益，此之谓才尽。因此，一个人所能取得的成就和幸福也是有极限的，这种极限直接取决于他的才能；最终取决于他的天资。"

一个人在其遗传潜质的限度之内，他（她）越努力，就越能取得较大的成就，实现较大的幸福；就实现幸福的难易来说，一个人越努力，他（她）所寻求的幸福就越容易实现。

在个人潜质的限度之内，越"努力"则越幸福。就实现幸福的大小来说，教师的努力与教师职业幸福呈正相关关系，但是，这是在一定限度内呈正相关关系。即在社会所提供的教育条件内，在教师自身遗传潜质的可能范围内，在教师德性所许可的范围内，教师的努力与教师职业幸福呈正相关关系。

教师的努力不是教师职业幸福的充分条件。人们不应夸大教师努力的主观作用，否认客观物质条件对教育、对教师职业幸福的决定作用，否则，人们将

陷入唯心主义的漩涡。

在肯定客观物质条件对教育、对教师职业幸福的决定作用的前提下，人们应充分发挥教师努力的能动作用。就实现教师职业幸福的大小来说，教师越努力，则教师就越能取得较大的教育成就，从而实现较大的教师职业幸福；就实现教师职业幸福的难易来说，教师越努力，则教师所希冀的职业幸福就越容易实现。有人说："人在前进的道路上就是两件事——前进和拐弯。前进需要勇气，拐弯需要智慧。"可以说，在其他因素一样的情况下，教师的职业幸福之所以比一般的教师多，就在于其前进和拐弯的努力多于一般的教师。

三、努力制约着教师的职业幸福

虽然努力不是教师职业幸福的充分条件，但若缺乏努力，教师是绝对不会获得职业幸福的。我国高校教师生活于东方儒家文化圈，具有集体主义文化基因，具有中华民族的性格。我国的教师名家都有一股自强不息的拼搏精神。《易经》说："天行健，君子当自强不息。"自强不息的精神激励着多少华夏儿女。

马克思说："我们并不总是能够选择我们自认为适合的职业；我们在社会上的关系，还在我们有能力对它们起决定性影响以前就已经在某种程度上开始确立了。"的确，我国的许多名师名家最初走上教育舞台并非出于自愿，而往往是某种功利主义选择。但是，无论最初是否自愿，也无论最初起点高低，我国的教育家及广大名师，在我国传统文化哺育下，都能以自强不息、有所作为的精神鼓励自己、鞭策自己，使自己不断地学习，不断地探索，最后都有所作为，实现自己育人的崇高理想和职业幸福。

我国的名师名家都有一股勇于探索的钻研精神。他们都谦虚为怀，因材施教，敢于求真，独具风格，在探索教育规律中获得职业幸福体验。中国教育学会会长顾明远在阅读了《名师成长轨迹访谈录》后，对五位名师的独特风格评论到："林良富老师是一位智慧型的教师，既能宏观把握又能脚踏实地，处处显示出他的教育智慧；刘永宽老师潇洒大气 j 在不懈的追求中推陈出新；俞正强老师在平淡中显心智，在朴实中表现美；金莹老师喜欢琢磨，把每一堂课都上得完美；邱向理老师大处着眼，小处着手，总能捕捉到教育的细节，关注学生。他们中，有的老师以严肃认真见长，有的老师以诙谐生动见趣，有的老师以细腻关爱感人，个个老师的风格都不一样，就像一幅幅美丽的图画展现在我们面前。"

我国的名师名家都有一股虚一而静的开拓精神。面对东西方文化融入，我国的名师既从传统文化中获得幸福体验，也从优秀外国文化中获得快乐体验。教育家杨瑞清践行着陶行知的"立大志、做大事"、"生活即教育，社会即学校"、"解放儿童"、"爱满天下"的教育思想。教育家廖文胜则践行着老子"天下难事，必作于易；天下大事，必作于细"的思想，自"教育的原点"出发，聚集"教育的元素"，"虚一而静"，潜心教育，终成教育家。教育家唐盛昌儿时的梦想是当一名"原子核物理专家"，他是怀揣着破碎的梦想走进上海师范大学的校门的。唐盛昌在读大学期间通过博览群书，找到了人生的航向，明白了"天生我材必有用"的真谛，勇敢地面对将要从事教育事业的现实。在"文化大革命"中，唐盛昌成了一个苦读者，十年的苦读使他在后来的教学中总是快人一步。在数学教育取得重大成功后却经历了无数冷眼、谩骂、难堪，在终于走过挫折、挺过困难后，却临危受命去拯救没落的百年名校——上海中学，通过"师夷长技"催生"使其长技"，将没落的上海中学办成了国际级名校。被誉为"创新志士"的唐盛昌认为，任何一位决策者都需要开拓精神，否则就会止步不前。

在改革开放的新时期，面对东西方文化融入，我国的教师应该既从传统文化中吸取营养，形成不忧不惧、坦坦荡荡、讷于言而敏于行、天人合一、以人为本、刚健有为、贵和尚中的处世风格，又从优秀外国文化中获得智慧——自主开放、竞争效率、创新突破、民主法制的求新意识；既认同主族文化精华又借鉴客族优秀文化，既坚持集体主义取向又合理取舍个人利益，唯其如此，才能不断提升自己的职业幸福感。

总之，教师的努力是教师职业幸福的必要条件，但不是教师职业幸福的充分条件。在市场经济体制下，为了有效发挥名师的主观能动性，让教师执着于、醉心于党和国家的教育事业并享有高度的职业幸福，构筑起一个良好的社会心态文化场域从而有效提升教师的心态文化境界不失为理想之策。

　　综上所述，我国教师职业幸福感的自主修炼涉及教师的心态文化水平、知识水平、志向（内在需求）水平、道德（做人、意志）水平、能力（学习、技能）水平等多方面因素。各位教师只有通过充分发挥自身的主观能动性，针对教师职业幸福的内部制约因素—教师自身的"心""健""德""才""力"有效提升自己的心态境界、健康水平、德性修养、才华素质、努力程度，从而有效提升自己的职业成功感、职业成就感和职业满意度，有效增加自己职业的积极情感，最大限度地减少自己职业的消极情感，才能有效提升自己的职业幸福感。

第五章　追求幸福——教师专业发展之路

第一节　教师专业发展的理论阐释

一、教师专业化的产生与发展

任何事物的出现都不是孤立的，一定有其客观的时代背景、需求动力和有利条件，教师专业化的产生与发展同样如此。教师专业化的产生与发展并不是一蹴而就的，而是经历了漫长的社会催化和自我觉醒。

（一）教师专业化产生的背景

我国台湾的饶见维先生在其所著的《教师专业发展——理论与实务》一书中指出，教师专业化产生的背景主要有以下几点：①教育界体认到"职前师资培育"的功效有限；②教育界体认到"初任教师导入阶段"的影响深远且有待努力；③教育界体认到"教师进修教育与训练"有限；④教育改革的呼声愈来愈高且教育绩效责任逐渐受重视；⑤教师专业自主性的呼声愈来愈高；⑥有关学校效能与教师专业化的研究愈来愈多。当然，饶先生更多的是从教育内部来分析教师专业化产生的因素。教育内部的发展变化不可避免地受外部需求的影响。综合起来，我们认为教师专业化产生的原因有以下几个方面。

1.教师专业化是社会分工的产物

专业是社会分工的产物和表现，教师专业化的产生亦是社会分工在教育活动中的体现。原始社会，人们的生产劳动相对简单，教育与生产劳动混为一体，教师还没有从社会的生产劳动中分离出来。随着社会的发展，劳动工具不断改进，生产技艺相应提高，进而分离出新的生产部门和工种。由于社会生产效率的提高，生产剩余的增多，社会不再需要全体成员直接从事生产劳动。同时，人们在生产过程中积累的经验和知识越来越多。于是，非生产性人员逐步独立出来，其中负责传授经验和知识的教育者便出现了。当然，人类社会早期教育活动随着生产发展在发展，由能者为师、智者为师、长者为师到吏师合一，但教师并未成为独立的职业，当然也谈不上专业化的问题。

2.学校教育发展推动教师专业化的产生

学校是教育发展到一定阶段的产物，它标志着教育作为一项独立的社会活动进入新的发展阶段。在很长的一段时间内，学校教育是在经验指导下运作的。直到近代，随着实验科学、自然科学的诞生，以及对人的身心开展研究，各学科的科学理论形成，教育活动才进入科学发展阶段，教师的专业化问题逐步受到重视。教育日益需要那些具备科学理论知识的人员依据教育科学原理，从事教书育人活动。

3.教师专业化的发展是对教育质量诉求的结果

20世纪中叶以来，随着原子能的利用、电子计算机的发明和空间技术的发展，世界掀起了一场全球性、全方位的新科技革命。科技知识的激增和更新周期的缩短，造成所谓的"信息膨胀"和"知识爆炸"等现象。由此引发的对人才的需求不只是"量"的需要，更有"质"的要求。世界各国给予教育更多的关注和责任，对教育在增强国际竞争力、实现民族振兴、开发公民个人潜能、符合个性培养等方面寄予更大的希望，实质上是呼唤更高质量的教育。高质量的教育离不开高素质的教师，教师专业化的催生正是人们对教育活动赋予更多使命价值诉求的结果。美国在《国家为培养21世纪的教师做准备》的报告中指出，"只有保留和造就最优秀的教师，国家才能摆脱所陷入的困境"，把教师的意义提高到如此高的程度来看待。因此，教师教育的责任就是培养训练有素、专业造诣深厚的教师，以教师的专业化实现教学的专业化，鼓励教师终身从教，从而保证实现高质量、可持续发展的教育。

（二）教师专业化发展的历程

教师专业化的"化"本身就是动态发展的一种典型表述，教师经历了非专门化—专门化—专业化三大发展阶段。在人类漫长的教育发展史上，教师从隐形到显形，从专门化到专业化，职业角色越来越鲜明。在原始社会早期，原始部落的首领或有经验的人承担着"教师"的职责。到了奴隶社会，一些有文化和技艺的官吏兼任教师，这个时期的教师实际上还不是专职的，更谈不上对教师的专门训练。直到近代前很长一段历史时期内，教师的工作都没有形成统一规范，基本由教师本人自主决定。在中国，科举考试对教师的行为具有很大的引导和激励作用。由于受教育者属于少数人，所以大众对教育的需求并不强烈，教师职业的稳定性、连续性也不强。自从 17 世纪法国创立第一所专门的师资训练学校后，师范教育从欧洲逐步推广到世界各国。教师有了专门的培养机构，标志着教师专业化发展步入新阶段。但教师专业化的提出，则是 20 世纪30 年代以后的事情。从此，对教师专业化的认识与实践不断深入推进。

1.作为一项专业的教师职业

理论上，教师专业化的提出始于 1933 年，英国社会学家卡尔—桑德斯（A.M.Carr-Saunders）最早提出教师职业专业化的概念，并把专业界定为"一群人从事一种需要专门技术之职业，其目的在于提供专门性的服务"。1955年，世界教师专业组织会议的召开，率先研讨教师专业问题，推动了教师专业组织的形成和发展。

1956 年，美国教育家利伯曼（M.Lieberman）在他的著作《教育作为一种职业》（Education as a Profession）里，从不同角度对教师职业作为一种专门性职业做了基础性研究，获得很高评价。他分析了教师职业作为一种专门职业的八个特征：公共性，即为公众服务的性质；具有知识、技术性；需要经过长时间训练；职务的执行需要自觉性；需要个人的责任感；具有非利润性；具有明确的伦理纲领；需要成员的自我管理。这八个特征是互相关联的组合体。

1963 年，世界教育年鉴的主题是"教育与教师培养"（Education and Training of Teachers）；1980 年，主题是"教师职业发展"（Professional Development of Teachers）。

1966 年，联合国教育、科学及文化组织和国际劳工组织在法国巴黎召开的"教师地位之政府间特别会议"，通过了《关于教师地位的建议》，强调教师的专业性质，认为"教学应被视为专业"（Teaching should be regarded as a profession），并提出"应把教育工作视为专门的职业，这种职业要求教师经过严格的、持续的学习，获得并保持专门的知识和特别的技术"。

2.认识到教师专业化的价值

1996 年，联合国教育、科学及文化组织第 45 届国际教育大会在瑞士日内瓦召开，主题为"加强教师在多交世界中的作用之教育"（Strengthening the Role of Teachers in a Changing World）。大会指出，"确信教师是发生在所有各级各类学校和课堂中并通过所有教育渠道进行教育变革的关键活动者……在提高教师地位的整体政策中，专业化（professionalization）是最有前途的中长期策略"。同时，提出四个方面的实施建议：通过给予教师更多的自主权和责任提高教师的专业地位；在教师的专业实践中运用新的信息和通信技术；通过鉴定个人素质和在职培养提高其专业性；保证教师参与教育变革及与社会各界保持合作关系。

3.指明教师专业化的方向

澳大利亚在 2003 年 11 月正式颁布全国教师专业标准，为教师专业化提供了制度性的框架，将教师专业发展分为四个阶段，即毕业（graduation）阶段、胜任（competence）阶段、成熟（accomplishment）阶段和领导（1eadership）阶段，并将教师的专业要素规定为专业知识、专业实践能力、专业品质和专业关系协调能力。

1998 年，我国在北京召开了"面向 21 世纪师范教育国际研讨会"，明确了"当前师范教育改革的核心是教师专业化问题"。我国 1994 年开始实施的《中华人民共和国教师法》规定，"教师是履行教育教学职责的专业人员"，首次从法律的角度确认了教师的专业地位。1995 年 12 月 12 日，国务院颁布《教师资格条例》（国务院令第 188 号），2000 年 9 月 23 日，教育部颁布《（教师资格条例）实施办法》（教育部令第 10 号），教师资格制度在全国全面实施推行，这标志着我国教师专业化发展有了坚强的制度保障。1999 年，我国颁布的第一部对职业进行科学分类的权威文件《中华人民共和国职业分类大典》，首次将我国职业归并为八大类，教师属于"专业技术人员"一类。2012年4月26日，教育部出台了《幼儿园教师专业标准（试行）》《小学教师专业标准（试行）》和《中学教师专业标准（试行）》（教师（2012）1号）；2013年9月20日，教育部出台了《中等职业学校教师专业标准（试行）》（教师（2013）12号），使得教师专业化进一步朝着分类型、标准化的方向迈进。

近年来，"教师成长"（teacher growth）、"教师学习"（teacher learning）、"教师发展"（teacher / staff development）等与其相近的概念也层出不穷，教师专业化研究也更加丰富与深入。

（三）教师专业化发展的趋势

1.教师专业化发展的科学趋向

有学者指出，在教师专业化发展过程中，人们犯下了"一味追求公共教育中教师地位的专业化，而忽视了培养我们课堂教师教学实践的专业化"的错误。认知心理学对专长的研究表明，专家区别于新手的一个明显特征就是其拥有大量特定领域的知识及知识的高度结构化。教师也是如此，专业化程度高的教师也拥有丰富而且结构化的知识体系。专业知识是教师教学的理智基础，教师专业化就是追求科学知识和技术的占有和运用，成为"技术型"专家。知识是教师专业化的基础，那么什么样的知识是专业化的基础？如何获得知识？正如舒尔曼所主张的，倘若要推进教师专业化，就必须证明存在着保障专业属性的"知识基础"，阐明教师职业领域里发挥作用的专业知识领域与结构。这是未来教师专业化所要面对和研究的基础性问题。

2.教师专业化发展的文化趋向

教师专业化的过程是一个文化过程。英国学者哈格里夫斯（Hargreaves）认为，教师专业化不仅应包括知识、技能等技术性维度，还应该广泛考虑道德、政治和情感的维度。"教师专业化不仅注重个体教师的知识、态度和实践的提升与改进，还考虑教师工作环境中的学校组织文化和结构。"关注教师专业化过程中的文化生态环境，重视教师文化对教师专业化的促进作用，如从生态的视角重视合作的教师文化更能促进教师专业化。

教师专业化也是教师在教育的背景中，不断地与其生长的社会群体进行信息传递、技能交流、智慧碰撞和文化构建的过程。这一过程包括：以名家领航为导向的教师专业发展、以教研组为基地的教师专业发展、以名师工作室为依托的教师专业发展和以高校引领为特点的教师专业发展四种路径。此外，多元文化素养也成为教师专业化的一个价值取向。"未来教师必须具备一定的多元文化知识、态度及技能才能胜任其所面对的具有多元文化特征的教育教学工作。"

3.教师专业化发展的伦理趋向

一是关怀的发展趋势。针对教师偏重技术理性，忽视实践关怀；注重知识传授，忽视情感关怀；具备强烈的职业意识，缺乏人文关怀。以诺丁斯关怀理论为指导，提出未来教师专业化的新趋向：关怀。"教师专业化在目标上应注重培养教师的关怀素养，围绕关心为主题来组织课程，在教学中淡化教师的职业意识，建立'关怀型'师生关系。"

二是全纳的发展趋势。在教师专业化的过程中，学术界和实践中提出了全纳型教师这一术语。"全纳型教师的核心特征应是能正确认识和尊重学生间的差异，真正地容纳所有的儿童，并能采用有效的教育教学策略，帮助遭遇困难的学生消除障碍，满足学生个性化的学习需求，从而确保所有儿童能接受高质量的教育。"在构建和谐社会的大背景下，推动教育公平比以往更具有现实意义，全纳教育成为一种重要的教育理念，逐渐渗透在教育活动中，同时也成为对教师素质和能力的新要求。

三是幸福的发展趋势。从幸福的视角来审视，教师专业化是一种教师个体的生命价值体验。在教师专业化进程中，由于过分功利化的驱使，使教师内心非常矛盾与煎熬；甚至教师专业发展会遭受压制和排挤，使教师难以积累幸福；有的教师随着职称提高反而专业化停滞不前，甚至陷入职业倦怠。未来教师专业化发展需要关注教师的个体幸福，从教师的地位、自由、晋升等方面实现良性发展。四是生命的发展趋势。现实存在这样一种状况，教师专业化被当作教育教学的工具来对待，而教师自身生命价值的发展却被忽视了。未来教师专业化发展的又一伦理趋向就是生命趋向，教师专业化将关注教师生命意义和价值的实现，以及教师生命的自主性、创造性和独特性的生成。

此外，教师的主动性及其情感也是实现专业化不可或缺的基础、纽带、承诺、动力和境界。

二、教师专业化的内涵

随着教育的不断发展和规范，教师的专业化发展需求变得越来越重要。那么，如何理解教师专业化的内涵，揭示其丰富性，这里涉及外在和内在的有关专业化标准、专业角色、专业素质、专业培养、专业组织和制度等多个方面。

（一）专业与专业化的标准

1948 年，美国全国教育协会公布关于"专业"的八条评判标准：专业实践属于高度的心智活动；具有特殊的知识领域；受过专门的职业训练；经常不断地在职进修；视工作为终身从事的事业；行业内部自主制定规范标准；以服务社会为最高目的；设有健全的专业组织。"教师是专业技术人员，这是教师专业化中教师的身份特征；遵从于一定的职业规范的制约，需要一定的管理制度作保障，教师专业化的实现是一个动态的、实践的过程。"

1980 年，美国组织行为专家道格拉斯·霍尔（Douglas T. Hall）在对 17 种职业进行研究的基础上，提出了专业化过程的 14 个特点：清楚地定义专业的功能；掌握理论知识；解决问题的能力；实际知识的运用；为维护前途而进行超越专业的自我提高；在基本知识和技能方面的正规教育；对能胜任实践工作的人授予证书或者称号；专业亚文化群的创建；用法律手段强化专业特权；公众承认的独特作用；处理道德问题的道德实践和程序；对不符合标准的行为的惩处；与其他职业的关系；与用户服务的关系。

《国际教学与教师教育百科全书》（1995 年版）对"专业"提出了五个判定标准：提供重要的社会服务；具有专业的理论知识；在本领域的实践活动中个体具有高度的自主权；进入该领域需要经过组织化和程序化过程；对从事该项活动有典型的伦理规范。

也有研究者认为，教师专业化的基本含义是：第一，教师专业既包括学科专业性，也包括教育专业性，国家对教师任职既有规定的学历标准，也有必要的教育知识、教育能力和职业道德的要求；第二，国家有教师教育的专门机构、专门教育内容和措施；第三，国家有对教师资格和教师教育机构的认定制度和管理制度；第四，教师专业发展是一个持续不断的过程，教师专业化也是一个发展的概念，既是一种状态，又是一个不断深化的过程。

还有研究者表述为，教师专业化是指教师成为本专业成员的专业成长过程，它是一个内涵不断丰富的动态的发展过程。其主要内容包括三个方面：第一，教师作为一种专门职业被社会认可，获得相应的专业地位；第二，教师具有教师资格证书和专业资格证书，同时具备作为一名教师和专业技术人员的资格；第三，每个教师都应具备研究的意识并付诸教学实践，把理论研究与实际应用结合起来。

综上所述，关于"专业化"的观点，我们认为，教师专业化的内涵应包括其角色定位、素质结构、培养体系和组织保障几个方面。需要说明的是，下述专业化分析是一个比较理想的描述，并非实现标准。

（二）专业角色的不可替代性

高校教师是教师群体中的一个类型，其服务的对象、教学内容、条件与方式都具有一定的特殊性，从教师专业角色上看也具有不可替代性。高校教师的专业角色，一方面，作为技术技能教育者，其工作职责不是单一的知识传授，而需要教师具有专业理论与实际运用相结合的意识与能力，这是培养技术技能人才所必需的；另一方面，高校教师的教育教学是将理论与实践、学术与职业、企业与学校这些领域跨界的活动统一起来试行的工作。作为联系高校学校和企业的中介，高校的教师也要兼备企业技术人员的部分素质。当前，我国高校聘用大量的兼职教师，这是职业教育的特点所决定的。兼职教师能够将最新的职业信息带入职业教育教学活动中，但是从负面的角度看，缺乏教师规范训练的兼职教师，在一定程度上冲淡了高校教师专业化的严肃性。因此，在推进高校教师专业化的大潮中，对专职与兼职教师队伍的建设应当采取分类管理的办法，不能把两者混为一谈。

（三）专业素质结构的复合性

1.专业知识

"知识基础问题研究的最终目的是，希望通过为教师职业建立一个共同的知识基础而促进教师专业化。""知识基础问题其实也就是教师专业发展和教师教育专业化问题。"这里的专业知识不是指教师所学的专业知识，而是教师作为-f7专业所应具备的相关知识，即符合专业化发展水平的知识体系。"就职教师资而言，这一知识领域不仅应涵盖普通教育学和教学论知识，而且必然涉及职业教育学与职业教学论的知识范畴；高校教师所应掌握的专业知识，不仅应包括一般性专业科学的知识，而且必须包括关于职业工作过程的知识。"

作为一个专业教师，首先要具备相应学科专业方面的基本知识和技能；同时，要熟悉教育科学，特别是职业教育与心理方面的知识，懂得职业教育教学及其管理的基本原理、规律与特点，掌握专业教学方法，以及学生的学习心理和个性特征、技能形成的规律等；此外，还要了解将来所从事行业、职业和岗位方面的知识，实现从学校到企业的顺利对接。

2.专业能力

（1）教育教学能力。这是教师最基本的职业能力，其中包括理论教学能力、实践教学指导能力、课堂教学设计能力、学生教育管理能力，以及较高级一些的课程开发能力、教研能力等。

（2）实践操作能力。职业教育培养学生的重点是具备在生产服务等工作中解决实际问题的能力。不言而喻，只有教师具备相应的能力才能培养出社会需要的合格学生。

（3）学习能力。高校直接面对快速发展变化的生产服务一线，教师必须跟上和适应这种变化对职业教育的要求，学习不仅是必要的而且是必需的。高校教师学习不能等待正式的教师培训，自觉的、日常的与职业发展对接的学习应成为教师发展的一部分。以教育教学问题为导向、以职业变化为导向、以专业化发展为导向，是高校教师学习的出发点与动力。

（4）职业指导能力。促进就业是职业教育最突出的办学定位与价值取向，引导学生树立正确的职业观，提升学生的就业能力，培养学生的职业责任感，要成为贯穿教师各类教育教学活动的主线。事实上，高校的教师同时也是学生的职业指导师。

3.职业精神

职业的专业化本身是职业发展的结果，也是职业地位提升的标志，专业化的职业蕴含着职业精神。高校教师因为其独特的专业知识结构和能力，同样也会凝结为一种引以为荣的职业精神。主要体现在：①出于对技术技能及其教育的热爱，具有坚忍不拔的进取精神；②带着对于提升技术技能劳动者价值的目标，具有舍我其谁的奋斗精神；⑧用"行行有人才，人人能成才"的理念，具有知难而进的教育精神。

（四）专业培养体系的专门化

随着职业教育的科学发展，高校更加需要具有"双师"素质的教师，这样的教师实质上是一种特殊的复合型人才，需要专门化的培养。这个培养是一种多学科知识、多种能力交融集成的过程，简单的"专业+教育"模式只能算是一种初级阶段的权宜之计。作为一种专业化的职业，高校教师需要经过长期专门的教育或训练，具有符合实际需要的系统化的知识和技能，才能按照一定的专业标准进行活动。专业化的人才发展不能停留在"理论+实践""学校+企业""学校+工作"这种拼盘式的组合培养阶段，而是要从需求和培养目标出发进行全过程设计，从而塑造一种属于自身特质的专门人才。

第二节　教师专业发展困境

1996 年，联合国教育、科学及文化组织召开的第 45 届国际教育大会提出："在提高教师地位的整体政策中，专业化是最有前途的中长期策略。"目前，我国教师专业化的理念基本形成，政策举措也不断完善，但由于发展时间短，发展还面临着诸多问题，需要从长远的角度来审视这些问题，提出有效的对策，来加以逐步解决。下面以中等职业教育为例，谈一下教师专业发展的困境。

一、教师专业标准体系还不够完善

近年来，我国开始推行中等职业学校教师专业标准，无疑将推动中职学校教师专业发展。但与普通教育相比，教师专业化制度建设相对滞后。《国家中长期教育改革和发展规划纲要（2010—2020 年）》提出，完善符合职业教育特点的教师资格标准和专业技术职务（职称）评审办法。目前，由于中职学校专业课教师专业标准只有学历和一般教育教学能力的要求，没有体现专业能力要求，致使大量不符合职业教育双师素质的人员进入教师队伍，加大了入职后"合格培训"的任务。2011 年 10 月 8 日，国家颁布了《教师教育课程标准（试行）》，但是依然是主要针对普通教育教师，不完全适合中职学校教师。

二、教师专业化发展的管理制度尚不健全

现有的职教教师管理制度不健全、职教特色不突出的问题依然存在。2001 年 10 月 8 日，中央机构编制委员会办公室、教育部、财政部联合印发《关于制定中小学教职工编制标准的意见》（国办发（2001）74 号），而中等职业学校的编制标准还是 20 世纪 80 年代中期制定的，而且中等专业学校、技工学校、职业高中分别单列，目前尚未出台统一的中等职业学校教职工编制标准。中职学校教师专业技术职务制度也是 80 年代中期分三类学校分别制定的，还没有统一的中等职业学校教师职务系列，教师职务评定标准和方式没有充分体现职业教育的特点。中职学校教师专业技术职务评聘参照高等院校存在学历、学术优先的取向，从企业引入的专业技术人员在中职学校评聘教师专业技术职务困难重重。中职学校人事分配制度改革滞后，平均主义现象严重，没有很好地体现多劳多得的原则；没有建立起有效地退出机制，致使中职学校教师专业结构与学校专业结构不能适时进行调整，因人设课成为不得已而用之的做法；学校聘请兼职教师缺乏正常的经费来源渠道，兼职教师仅仅是弥补教师数量不足的主要手段，而没有真正成为优化教师队伍结构的有效措施等。

三、教师培养培训体系有待完善

1999 年以来，我国先后建立了 101 个全国重点建设职业教育师资培养培训基地（开始称作全国重点建设职业教育师资培训基地），其中有近 40 个基地既是承担职教教师培养任务的高校，也是培养培训基地单位，可以说在形式上建立起了培养培训一体化的职业教育师资教育发展体系。但由于客观原因，师资培养院校在全国分布差异较大。由于国家长期以来没有对职业教育师资培养单位进行过专门的投资建设，职教师资基地的培养培训的条件普遍没有显著的优势，职教师资培养的层次和学科专业与中职学校的需求还存在错位现象。对于培养"双师型"教师显得勉为其难，在师范教育向教师教育转型的过程中，职教教师教育模式仍需要进一步探索发展。在培训方面，各基地优势的培训资源还比较单一，与企业的合作机制也缺乏稳定性，大多数情况下还处于政府主导型的培训，如国家级和省级培训基本属于这种类型，市场驱动型培训占比较小，难以满足中职学校及教师专业发展多样化的需求。虽然"十一五"时期国家组织开发了 70 个专业培训包，"十二五"时期国家继续组织开发了 88 个专业培养包，但由于开发涉及面宽、专业情况又比较复杂，开发内容还需要在实践中进一步修改完善。

四、教师队伍的素质和结构还不适应教学改革的需要

由于大部分中职学校是 20 世纪 80 年代以后发展起来的，特别是占学校总量 1／3 以上的职业高中，绝大多数是由薄弱的普通中学改办的，大量专业课教师是由文化课教师转行过来的，教师队伍发展的基础一直比较薄弱。2012 年，专任教师虽然在学历层次上基本达到国家规定的合格标准，但高学历和高职称的教师比例偏低，取得硕士学位的仅占 5％，高级职称的比例仅达到 20％，专业课教师和实习指导教师比例较低，骨干教师和专业带头人严重短缺，绝大部分专业课教师缺少在企业生产服务一线工作的经历。教师的专业技能水平和实践教学能力普遍偏弱，"双师型"教师缺乏，持有与所教专业相关资格证书的专业课和实习指导课教师不足 30％。根据对 2007 年中等职业学校专业骨干教

师国家级培训学员的问卷调查，教师反映最集中的问题是迫切需要提高专业技能水平和实践教学能力。兼职教师数量少且多年来增长缓慢，占教师总数的比例仅为14%，对优化教师队伍结构的推动作用不大。

五、教师专业化地位有待提高

职业教育的大力发展并没有从根本上改变人们对职业教育固有的观念，同时受现实的收入分配体制的影响，中职学校及其教师的地位还不高。目前，许多非示范的中等职业学校办学条件较差，社会形象不佳，人才培养质量与社会需求存在一定差距，致使社会对职业教育的认可度较低，人们对职业教育的选择并非主动。特别是中职学校招收的大多是普通教育学业成绩较差的学生，许多学生是贫困家庭、单亲家庭、农村留守少年等所谓的"问题"学生，面对这样的学生，教育教学难度自然较大，中职学校教师存在教育教学内容多变、工作压力较大的问题。部分中职学校为了生存，还把学校的招生指标分配给教师，教师的角色任务更加复杂。再者，中等职业教育对教师总体素质要求高，不仅要求是"双师型"教师，还要懂得学生心理辅导、职业指导、班级管理等工作，专业化发展的空间并不是单一的、单向的，而是具有一定的综合性。而目前中职学校教师工资待遇与普通高中教师处于同一类型，这与他们的实际付出不成正比，与同是专业教育的高职院校、本科院校教师工资待遇存在较大差异，甚至专业教师与企业的优秀技术工人也存在一定的差距。可见，无论是社会对他们的认可度，还是自身工资待遇水平都处于较低的地位。

第三节　促进教师专业发展的策略

面对教师专业发展的困境，下面依然以中职教师为例，简述一下促进高校教师专业发展的策略。专业化发展是一个系统工程，要从补充机制、完善管理制度和工作体系等几个方面全面加强。

一、创新队伍补充机制，构建专兼结合的教师队伍

（一）积极拓宽专任教师补充渠道

加大职教师资培养力度，不断创新中职学校教师培养模式。职业技术师范院校要广泛吸收企业和中职学校加入职教师资培养行列，形成"培养院校+企业实践+职业学校教学实习"的人才培养模式。改善生源结构，缩短培养周期，广泛吸引技术技能人才、高职院校和普通高校本科优秀毕业生，通过职业技术教师教育、企业实践、教学实习等途径，使他们成为合格的中职学校教师。满足中职学校对高层次职教师资需求不断增强的要求，加快研究生层次职教师资培养力度。在进一步扩大现有职教师资研究生教育的基础上，积极开展职教师资专业硕士和博士培养工作，通过国内、国际合作等方式，探索高层次职教师资培养的新途径、新模式。针对农村和偏远地区职教师资不足的现状，扩大免费师范生教育覆盖面，通过财政资助、定向培养的方式，开展中等职业教育免费师范生教育。改革中职学校用人制度，提高中职学校教师待遇，吸引更多的优秀人才到中职学校任教。弱化"企业编"向"事业编"转变的人事政策障碍，吸引社会上具有一定工作实践经验、符合教师资格要求的各类优秀人才到中职学校担任专任教师。

（二）进一步完善兼职教师聘用制度

把兼职教师队伍建设纳入中等职业学校教师队伍建设整体规划，要积极探索实名编与非实名编相结合、设立附加编等编制配备和管理方法，加强对专兼职教师配备的统筹，不断优化中职学校教师资源配置。鼓励中职学校通过多种渠道从社会上，特别是企事业单位聘请各类专业技术人员、高技能人才，以及具有丰富实践经验和特殊技能的能工巧匠，到中职学校教学一线兼职任教。在"十一五"期间财政支持聘请特聘兼职教师成果的基础上，落实好教育部等多部门《职业学校兼职教师管理办法》，加强考核管理，形成长效机制。把企业

中从事实习实训指导人员纳入中等职业学校兼职教师队伍建设的范畴，以更好地适应工学结合、校企合作等办学模式改革的需要。

二、完善符合职教教师特点的教师管理制度

（一）完善教师编制管理

根据职业教育办学规律和特点，制定统一的中等职业学校教职工编制标准。实行"固定岗"和"流动岗"相结合的设岗和用人办法，在中职学校编制中预留一定比例的"流动编"，用于面向社会聘请兼职教师，逐步使中职学校的生师比达到动态合理水平。实行灵活的编制管理办法，对中职学校教职工编制实行定期调整、动态管理，不断优化中职学校人力资源配置，使教师配备与职业教育事业发展需要相协调。

（二）完善教师职务评聘制度

由于我国教师的工资待遇与教师评聘的专业技术职务（职称）挂钩，教师的专业技术职务制度是引导教师朝着专业发展的重要手段，专业技术教师职务评聘办法是否科学合理，很大程度上影响教师专业发展道路的选择和达到的水平。中职学校教师专业技术职务评聘制度，一是要体现"双师型"教师的特点要求，使其成为提高"双师型"教师素质的有力杠杆；二是要统一和规范四类中职学校教师专业技术职务系列，在中职学校教师专业技术职务系列中设立正高级教师职务，为他们提供更为高远的专业化成长空间。鼓励中职学校专业实践性较强的专业课教师按照相关规定，在取得教师原有专业技术职务的基础上取得第二个专业技术职务或职业资格证书，享受高一级的专业技术职务待遇。对于到中职学校担任教师的专业技术人员、技师和高级工，鼓励他们按照相关专业技术职务制度的要求评聘教师职务，增强教师综合素养。

（三）完善中等职业学校教师分配和保障制度

完善教师岗位绩效工资制度，探索建立以岗定薪、优劳优酬的收入分配办法，在保障教师基本工资待遇的前提下，扩大绩效工资分配额度，将教师收入与学校发展、所聘岗位及个人贡献挂钩，充分发挥收入分配的激励作用。按照国家有关规定和改革思路，探索建立教师失业、养老保险等社会保障制度，促

进教师合理流动。

三、完善教师培养培训工作体系

（一）优化职教师资培养培训体系建设

进一步改善职教师资培养培训基地的条件，使每个基地都有独立的职教师资培训场所和比较充足的设施设备。在"十一五"期间取得的"中等职业学校重点专业师资培训方案、课程和教材开发"成果和"十二五"期间开发的培养职教师资的本科专业培养方案、课程标准和特色教材和教学资源等项目基础上，将工作重点转向重视发挥行业企业在职教师资培养培训中的作用，按照《国家中长期教育改革和发展规划纲要（2010—2020 年）》提出的"加大职业学校教师培养培训力度。依托相关高等学校和大中型企业，共建'双师型'教师培养培训基地"，重新核定和选定一批在行业中代表性较强、技术水平较高、职工培训基础较好的骨干企业，作为职教师资专业技能培训示范单位和教师企业实践基地，使基地与企业形成多元互洽的合作机制，积极参与职业教育师资培养培训工作。建立职教师资培养培训机构的资格认证和定期质量评估制度，不断完善职教教师培养培训体系和工作标准。

（二）创新和完善职教教师继续教育制度

由于产业结构调整和企业技术进步，中职学校教学内容需要不断更新，因此中职学校教师继续教育是一项常态性质的工作，这既是教师专业发展的必要手段，也是不断提高教学质量的保障措施。1999 年 9 月 13 日，教育部部长陈至立签署中华人民共和国教育部第 7 号令，发布《中小学教师继续教育规定》，加强对中小学教师继续教育工作的指导。而迄今为止，国家还没有出台中职学校教师继续教育的制度规范，应尽快出台对中职学校教师继续教育的相关规定，形成长期坚持的继续教育制度。完善中职学校教师定期到企业实践制度，把企业实践作为职教教师继续教育的一种重要形式，积极推进实施，并在实践中探索有效的工作机制，完善管理办法，形成长效机制。

（三）持续开展以骨干教师为重点的培训活动

以五年发展规划为周期，继续实施好"中等职业学校教师素质提高计划"，在总结"十一五"和"十二五"期间采取的"基地+企业"培训模式的基础上，运用信息化手段等多种形式，积极探索突出教师自主成长的专业培训模式。鼓励教师在职攻读各种形式的研究生教育，以此为动力更新专业知识、提升综合素质。同时，创新职教教师研究生教育培养模式，增加与企业实践相关的学习内容。加大对中青年专业带头人的培养力度，使其专业化发展有更加明确的目标。建立健全中等职业教育"双师型"教学名师评选制度，营造做一名中等职业学校教师光荣的成长氛围。

四、加大教师队伍建设经费投入力度

《中华人民共和国职业教育法》规定："省、自治区、直辖市人民政府应当制定本地区职业学校学生人数平均经费标准。"目前全国已有部分省（自治区、直辖市）建立了生均经费标准或生均财政拨款标准，但总体来看，出台的标准偏低，不能完全适应党中央加快发展职业教育的需要。各地应按照普通本科高校生均拨款不低于 1.2 万元标准的比例来制定中职学校生均财政拨款标准，并建立不断增长的机制。此外，地方政府切实履行好《中华人民共和国职业教育法》规定的"县级以上各级人民政府和有关部门应当将职业教育教师的培养和培训工作纳入教师队伍建设规划，保证职业教育教师队伍适应职业教育发展的需要"，加强对中职学校教师培养培训的财政支持。根据现阶段的发展情况，应结合实际需要，强化职教教师队伍建设专项经费制度，既给予强有力的支持，又避免造成不必要的浪费。2012 年，《国务院关于加强教师队伍建设的意见》指出："教师培训经费要列入财政预算。幼儿园、中小学和中等职业学校按照年度公用经费预算总额的 5％ 安排教师培训经费。"各中职学校也要落实好国务院的这一规定，安排足额经费用于师资培训。必须提出的是，对兼职教师各级政府应设立相对稳定的专项经费予以支持，使兼职教师比例逐步提高到或稳定在教师总量的 30％ 左右。

参考文献

[01] 翁琴雅.生命意义的追寻与教育目的的叩问：我国中学校长职业幸福感研究 [M].杭州：浙江大学出版社，2016

[02] 刘会贵.基础教育名师职业幸福的文化场域研究[M].成都：西南交通大学出版社，2013

[03] 潘静洲.社会比较视角下的职业成功与幸福感关系探析[M].天津：天津大学出版社，2016

[04] 卢双盈.中等职业学校教师专业发展理论与实践[M].北京：科学出版社，2017

[05] 王传金.教师幸福论[M].济南：山东人民出版社，2009

[06] 喻本伐，熊贤君.中国教育发展史[M].武汉：华中师范大学出版社，2000

[07] 中华人民共和国教育部.邓小平教育理论学习纲要[M].北京：北京师范大学出版社，2002

[08] 余海若.21 世纪教师健康手册[M].北京：地震出版社，2006

[09] 孙金钰.幸福新论[M].郑州：河南人民出版社，2006

[10] 沙洪泽.教育：为了人的幸福[M].北京：教育科学出版社，2005

[11] 罗素.李国山译.罗素道德哲学[M].北京：九州出版社，2008

[12] [美]爱因斯坦.论教育[C]∥陈桂生，赵志伟.现代教师读本：教育卷.南宁：广西教育出版社，2006

[13] 邢占军.测量幸福——主观幸福感测量研究[M].北京：人民出版社，2005

[14] 孙金钰，李俊标.光辉的教育智慧：中国古代教与学言论选编[M]，北京：中华书局，2009

[15] [美]马尔登.幸福学[M].西安：三秦出版社，2001

[16] 陶行知.创造宣言[C]／／陶行知.陶行知全集：第 4 卷.成都：四川教育出版社.2，

2005

[17] 叶澜，白益民，王枥，陶志琼.教师角色与教师发展新探[M].北京：教育科学出版社，2001

[18] 喻本伐，熊贤君.中国教育发展史[M].武汉：华中师范大学出版社，2000

[19] 孙孔懿.论教育家[M].北京：人民教育出版社，2006

[20] 方方.教师心理健康研究[M].北京：人民教育出版社，2003

[21] 申继亮.新世纪教师角色重塑[M].北京：北京师范大学出版社，2006

[22] 申继亮.师德心语[M].北京：北京师范大学出版社，2006

[23] 申继亮.教学反思与行动研究[M].北京：北京师范大学出版社，2006

[24] 赵昌木.教师成长论[M].兰州：甘肃教育出版社，2004

[25] 姚立新.教师压力管理[M].杭州：浙江大学出版社，2005

[26] 李维.风险社会与主观幸福[M].上海：上海社会科学院出版社，2005

[27] 郑雪等.幸福心理学[M].广州：暨南大学出版社，2004

[28] 任俊.积极心理学[M].上海：上海教育出版社，2006

[29] 马一波、钟华.叙事心理学[M].上海：上海教育出版社，2006

[30] 张兴贵.幸福与人格[M].广州：暨南大学出版社，2005